鄭雅勻彩色圖解

陽宅風水

台灣妙妙妙節目風水講解老師
鄭雅勻◎著

《前言》

何謂風水？

在現代的建築房屋當中，只要有新鮮的空氣、充足的陽光、乾淨的水，我們就稱它為風水。

在古代來說，傳統的風水，必須注意巒頭和理氣，而派別更是多種，事實上，風水又稱堪輿地理學，也就是環境學，它與科學、天文、地理、生物學都有很大的關聯。

風水就是時間與空間的學問，風水就是生活，而我們天天都生活在其中，從來也沒有離開過，因此本書內容著重風水的環境與人所產生的影響，舉凡一棵樹、一幅圖畫、一個內部的空間擺設，只要可能會影響人的思維的環境，都是風水。因為宇宙地球本身就是一個大磁場，人體是一個小磁場，彼此是相互作用，交替影響的，人體的活動思維會受到環境的變化而產生改變，而環境與環境之間，也會相互

作用，進而展現磁場的影響力，風水也是「地球磁場與人類關係學」。

在《風水探源》一書也提到：風水的核心觀念是人們對居住環境進行選擇和處理的一種學問，其範圍包含住宅、宮室、寺廟、陵墓、村落、城市等諸方面，其中涉及陵墓叫陰宅，涉及住宅方面為陽宅。

舉例來說，有些人因為居住環境良好，而健康長壽，有些人因居住地方的環境不良卻容易生病或早逝，也有些人因居住的環境風水格局相當好而讓他大發特發，有些人卻因為居住的環境風水煞氣相當多而破財。風水是一門科學，但結合了傳統風水，我們就必須考慮山型、地貌、水流，甚至是水質，還有空氣

陽宅風水首重潔淨、明亮

的影響，甚至氣候的變化、教育文化、民俗風情、飲食習慣、教育信仰等等因素，因為環境風水，它主宰了人的思維、判斷力、智力與情緒，而情緒出現了問題，也是導致事情發生的原因。

自古以來，風水被視為神祕而無法定位的學說，因為有很多學派，但卻不曾消失，反而被後人廣泛的推廣。現在大家都可以用深入淺出的方式來了解風水，原來它是有基本的脈絡可循，要了解風水，就先從與我們最密切的陽宅開始看起，陽宅風水，不管是外在的環境或是居家內部的格局擺設，就是必須使人能夠住得安心舒適自在，只有在安定情緒的環境中，才能有正常的生活以及工作，因此運用風水堪輿來擇屋而居，或是來化解陽宅不好的煞氣，是非常重要的。

但是我相信也有人會認為風水是迷信、無稽之談，或許這些人不了解風水其實是一門可以用科學方式來做判斷以及說明的，風水不是迷信，迷信的是人。常有人問我，哪種風水可以賺到錢？哪裡可以不用努力，就可以輕鬆達到權力富貴與長壽？而他們卻一天到晚飲酒作樂，不積極努力賺錢，一旦風水沒有辦法幫他們在短

期內致富，就認為風水是迷信，其實如果可以真正了解風水，它是可以幫助我們改善生活、改變命運的。

也有很多人認為風水是萬靈丹，是一帖特效藥，有人想藉由風水發大財，有人想藉由風水娶妻生子，更有人想一步登天，認為買一個聚寶盆甚至買一些招財的物品，就可以賺大錢，更有人道聽途說，花了許多錢，心想只要可以改變，就買了一堆招財的物品戴在身上。正所謂人的慾望是無窮止盡的，殊不知風水不是神蹟，也不可一蹴可幾，到頭來迷信的是自己，天下沒有不勞而獲的事，凡事不努力，怎可要人助，天助也難，其實風水就是生活，而每個人每天都生活在其中，風水有時必須去感覺去體會，用心體會它對環境與自己的影響。

也常常聽到，「早知道，我就不會這樣，早知道，我就賺大錢了」，千金難買早知道，萬金難買後悔藥，當一個人遭受到重大的挫折時，最怕的就是接二連三的打擊，有的人因此事業家庭跌落萬丈深淵，有的人也因此而一蹶不振，失敗其實並不可怕，可怕的是，沒有去了解真正失敗的原因，而一再的抱怨周圍的人事物，我想除了一些現實的外在因素之外，有一些是可以靠自己來掌握的，人如果真的想要改變自我，得到真正的勝利，一定要有所謂的天時、地利、人和來幫助。

人的心情往往都是矛盾的，想了解自己的命運，自己居住的環境，又怕知道太多，對未來心生恐懼，有時又怕對未來完全不知情，想發展事業怕失敗，想買房子怕未來失業繳不起房貸，想生個兒子卻又生了個女兒，不僅是想法矛盾，就連現實生活也矛盾。人們通常習慣在一個穩定熟悉的生活環境中，怕改變、怕麻煩、怕花錢、怕家人不開心、怕人家看笑話，生活中無時無刻都害怕，充滿不確定的恐懼，其實這是不對的想法，想想看，如果可以先了解自己、了解自己的房屋格局，以及生活的環境，很多事情是可以防範與改變的，一個人如果連自己都不認識、不了

解，又如何能趨吉避凶？改變自己的生活是可以有方程式的，你能改變嗎？

到底風水可以幫助我們多少，我們常聽到一命二運三風水，四積德五讀書，先天的八字佔人生的百分之四十，這是不能改變的。有人說，自己的命不好，將八字改一改就好了，八字是個人出生年月日的時辰，那個時辰早以固定，無法變更，八字就是一個人的命，唯有後天用積極的心態去面對，勤讀書，增智慧，要懂得感恩，而運是可以改變的，得運時要把握，失運時要保守，其次也可以透過名字來改運，有人因為八字不好來改名，當然也有它的效果，而風水佔人生的百分之三十，它是生活，不可以逃避，要面對，而這當中，又有百分之四十所影響的是陰宅，百分之六十影響的是我們的居住環境，又稱陽宅。

接下來我們就以深入淺出的方式，來談陽宅內部格局、談居家陳設、談花花草草、談一些風水實例，讓大家更了解陽宅風水，了解自己與生活，進而改變自己的命運。

《目錄》

一、什麼是房屋的平面圖

當我們去購買預售屋的時候，通常銷售人員會給我們一張房屋的尺寸圖，這張尺寸圖會註明廚房、餐廳、衛浴、房間的位置，樑柱的大小，我們稱為房屋的平面圖。它是買房子的主要依據之一，因為房子還沒有蓋好，只有樣品屋可以看，沒有實際的房子供我們做參考，而平面圖上會清楚的標示尺寸，或是裡面有什麼配備，讓自己清楚的知道，你買了幾坪？你的房門如何開？床如何擺設？書桌擺哪兒？……等等屋內格局。

但是如果你買的是中古屋，就沒有這張平面圖，這時你可以透過室內設計師，或是裝潢人員幫你規劃好，那麼就可以清楚的知道，廚房位在哪一方？或是廁所在哪一個方位？透過了解方位，更有效清楚知道房屋的財位、文昌、桃花位。

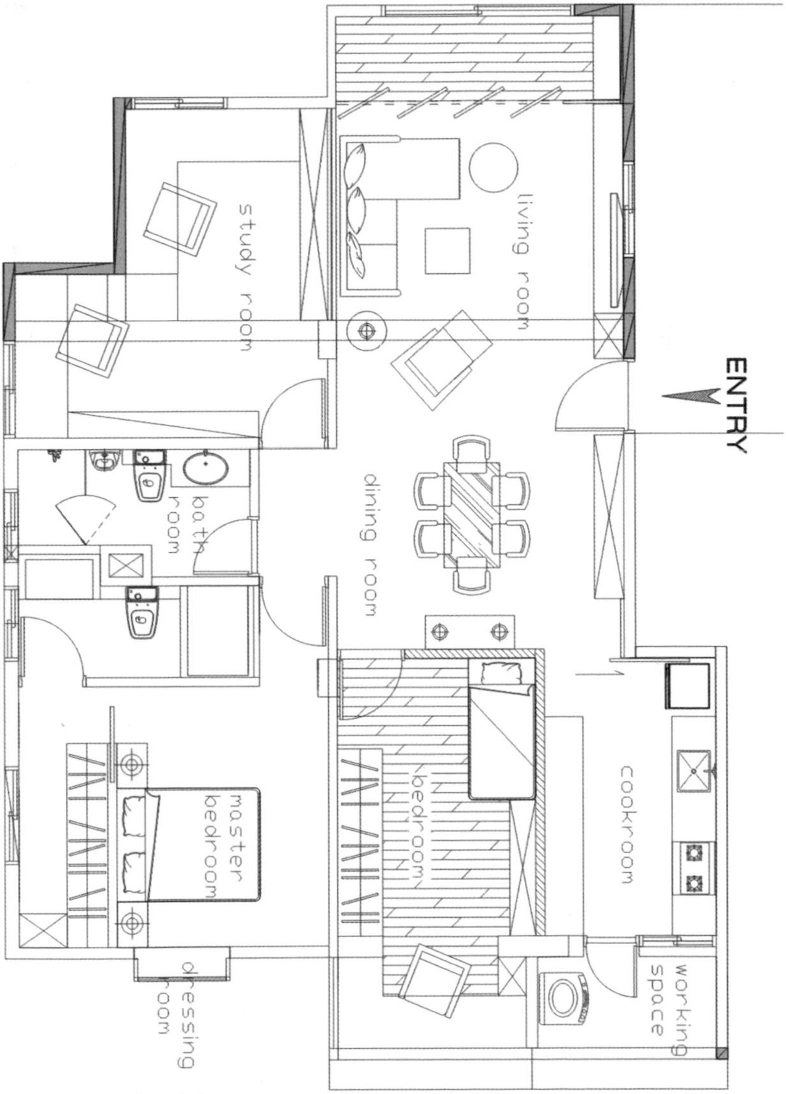
living room
study room
ENTRY
dining room
bath room
master bedroom
bedroom
cookroom
working space
dressing room

平面圖範例

◎如何看懂平面圖？

有了平面圖，首先必須認識平面圖，要看得懂上面畫了些什麼，常常看有些朋友，買了房子之後，還是不了解建商給了些什麼，只因上面所有標的他看不懂，其實，如果是房屋準備裝潢，室內設計師除了畫好平面圖之外，所有的立體圖或是透視圖，設計師都會解釋給我們聽，但是如果我們一開始就有基本概念，就不必擔心了，現在我們就教大家簡單容易懂的標示。

地面所呈現的標示

1・石磚塊：庭園造景時，用它來代替步道的方向

2・草坪

3・樹

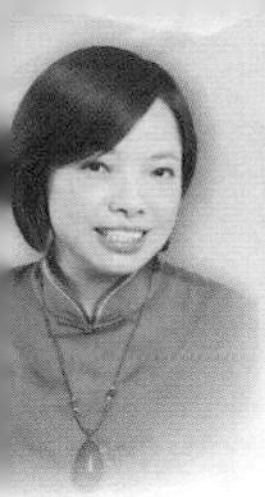

4．樓梯

5．車庫

6．交錯鋪設的磁磚

7．磁磚

8．地毯

9．地板

門窗所呈現的標示

1．門

2．中間是密閉玻璃窗戶，兩側可以打開。

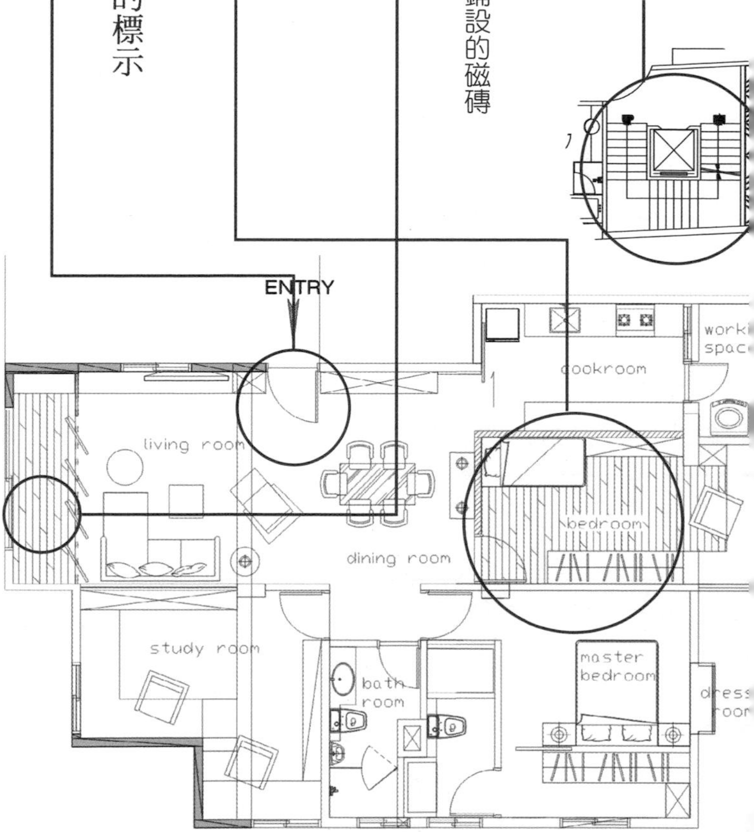

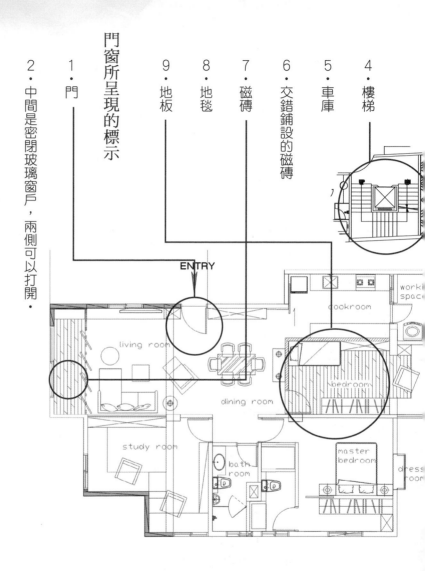

3．對開的窗戶

家具所呈現的標示

1．沙發

2．大茶几

3．小茶几

4．桌燈

5．餐桌椅

6．冰箱

7．洗水槽

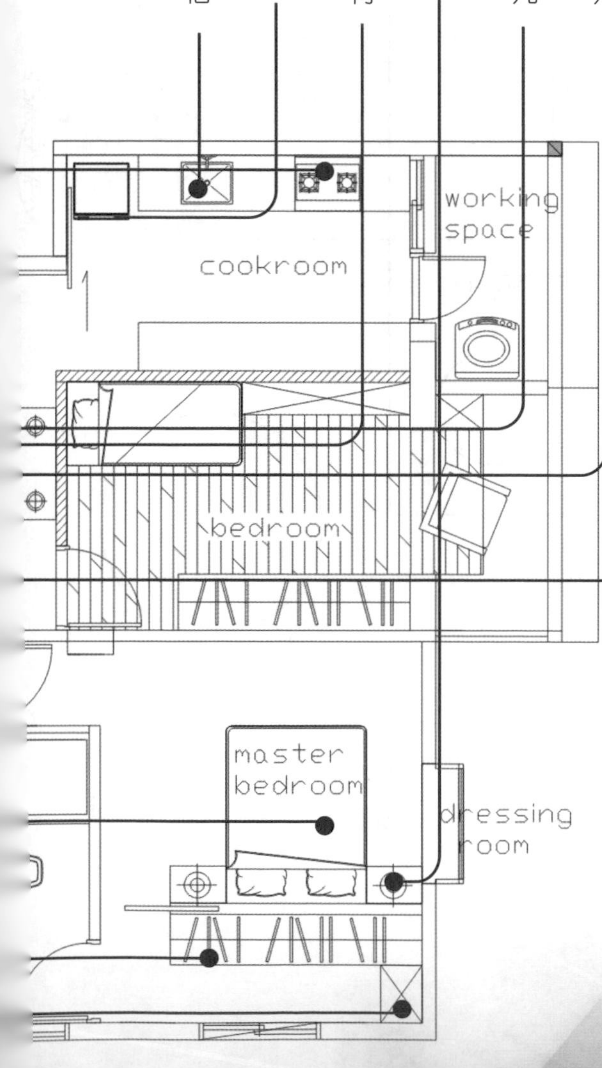

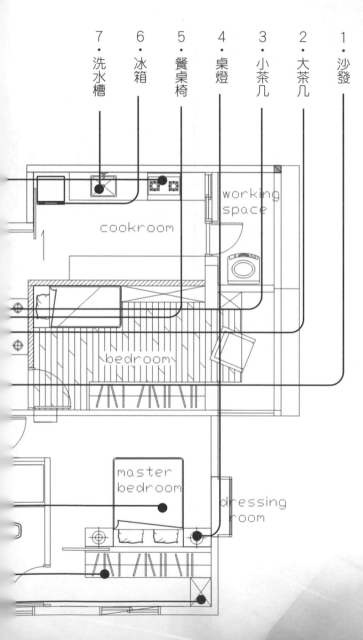

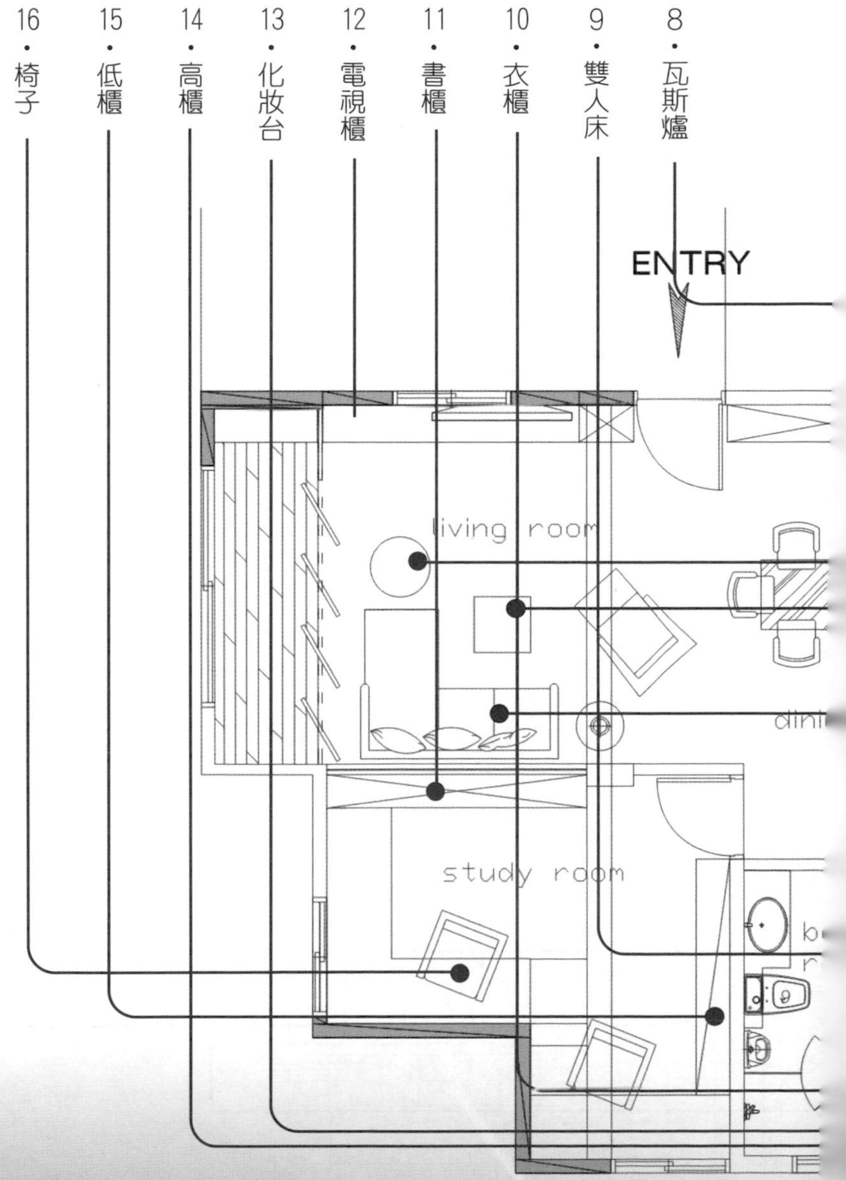

16．椅子
15．低櫃
14．高櫃
13．化妝台
12．電視櫃
11．書櫃
10．衣櫃
9．雙人床
8．瓦斯爐
ENTRY
living room
study room

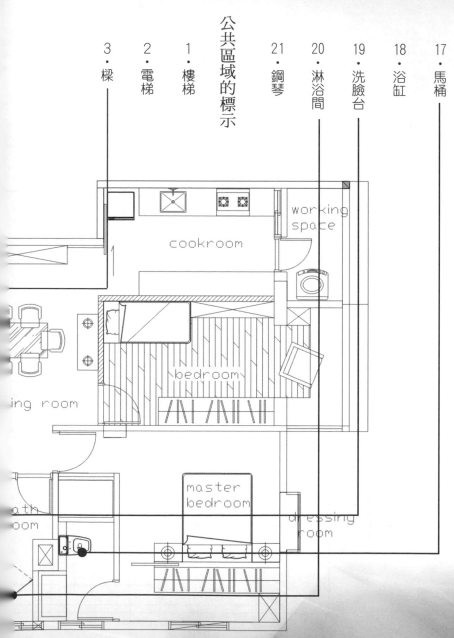

17．馬桶

18．浴缸

19．洗臉台

20．淋浴間

21．鋼琴

公共區域的標示

1．樓梯

2．電梯

3．樑

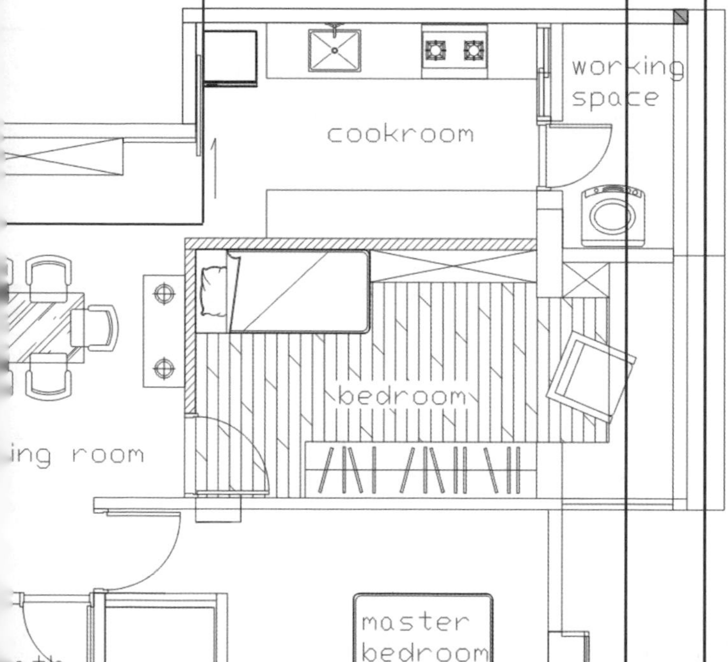

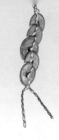

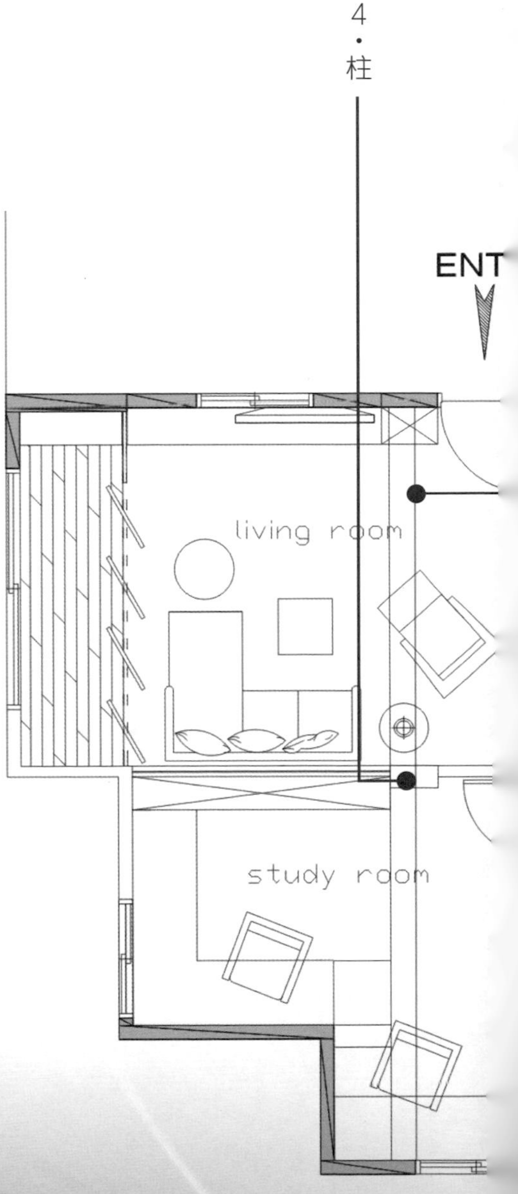
4
·
柱
ENT
living room
study room

二、如何為自己繪製居家平面圖

購買一間房屋並不容易，有時並不會裝潢，家具買一買就直接搬進去住了，這時可以自己畫嗎？當然可以，現在我們就教大家簡易平面圖畫法。

◎準備工具如下：

1．直尺，約三十公分比較好用，也可以選擇一比一百的比例尺
2．自動鉛筆一支
3．捲尺
4．空白的格子紙，上面有直線橫線比較容易繪出
5．橡皮擦

現在我們就來開始用紙筆來畫出自己家的平面圖。

1．先手繪一張草圖，例如四方型的房屋，必須先畫四周圍，房子裡廚房廁所房間在哪兒，用筆寫下來。

2．用捲尺丈量整個房子的輪廓，可以先從一個房間裡量起，房間也一樣有四個邊，四邊的尺寸是多少，床擺在哪裡，尺寸是多少，門窗開在哪裡，尺寸又是多少，衣櫃等等，都先量出來，並且畫下來，這時一個房間的圖面就完成了。

3．每一個房間都一樣，包含廚房、衛浴、書房，都可以這樣畫出來，在丈量整個房屋的總長度、寬度，就可以將一張房屋的平面圖完成。

4．如果你有信心，可以一次就畫完，可以一次量完整個房子的輪廓，每個牆面的厚度，房間門的大小，依比例畫出來，然後再看餐桌、沙發等等家具的位置在哪裡，它們分別的尺寸如何，基本上你的平面圖已經完成。

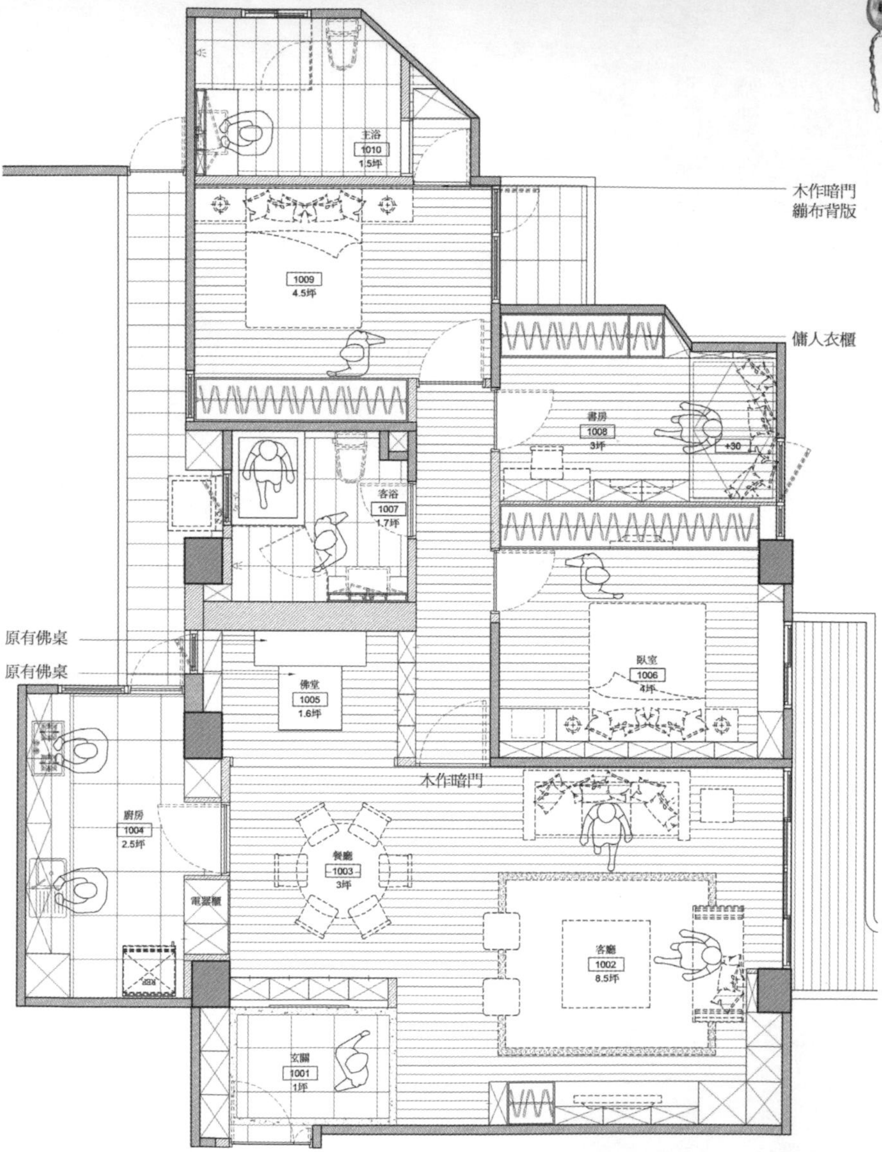
主浴
1010
1.5坪
木作暗門
繃布背版
1009
4.5坪
傭人衣櫃
書房
1008
3坪
+30
客浴
1007
1.7坪
原有佛桌
原有佛桌
佛堂
1005
1.6坪
臥室
1006
4坪
木作暗門
廚房
1004
2.5坪
餐廳
1003
3坪
電器櫃
客廳
1002
8.5坪
玄關
1001
1坪

平面圖範例

三、了解平面圖的重要性

有了基本的平面圖，就可以了解房屋的方位，也就是座哪裡，向哪裡，這是最基本的概念，先找出適合自己的方位，再來挑選房子，會比較理想，到底座向如何看呢？通常先在一樓或屋前定羅盤，也就是先了解基地座向，基地座向不會改變，整棟大樓只會有一個基地座向，但採光面可就不同了，上樓看自己的住家，整面落地窗的位置在哪裡，採光面就在哪裡，所以前後棟的採光面不會一樣，採光面也不一定會是基地座向，這點務必釐清，在屋內也可以再看一次室內方位，但必須找出房屋的中心點，如果這時有平面圖會更理想，站在中心點再定一次方位，另外，也可以了解自己的房屋是否有缺角，或是不規則形狀，如何透過陽宅風水調整，使風水缺陷減少，但有時指北針會因為室內大樓鋼筋會有些磁波影響，精準度會降低。

四、從平面房屋知興衰

現在的土地，寸土寸金，有時候很難選到格局方正的房子，但中國人是凡事講求圓滿方正，即使在選屋、購屋的過程中也是如此，盡量不要有缺角，或者凹凸不平。所謂缺角，指的是房屋內部格局不方正，形成內部凹陷不完整，每一個缺角對房屋本身，都是有相對影響力的，以風水的二十四方位來說，最重要的四正：東，南，西，北，還有四偶：東北，東南，西北，西南，不管房子哪裡缺角，對全家的成員當中，必然有所損傷，分別的影響如下：

一、平面缺東的房屋

對家庭及家人的影響：

東方在易經卦象中，代表長男的運勢，或是年齡31歲到45歲的男性，東方不見

了，也象徵長男的工作機會變少，考運不佳，甚至可能常常必須去外地工作，自然發生意外的情形也會相對增加。

以整體的家運來看，東方代表光明，也代表太陽升起的方向，如果房子缺了東方，此房屋的光線必然不足夠，也象徵全家人的活動力不大，整個家庭的氣氛，比較沒有朝氣，有時候，還會懶洋洋的不想出去工作，而且家人彼此在想什麼也都不知道，大家都各自做自己的事情，溝通不易，也不喜歡待在家裡，整個家庭就像一盤散沙，家運自然也就不昌隆了。

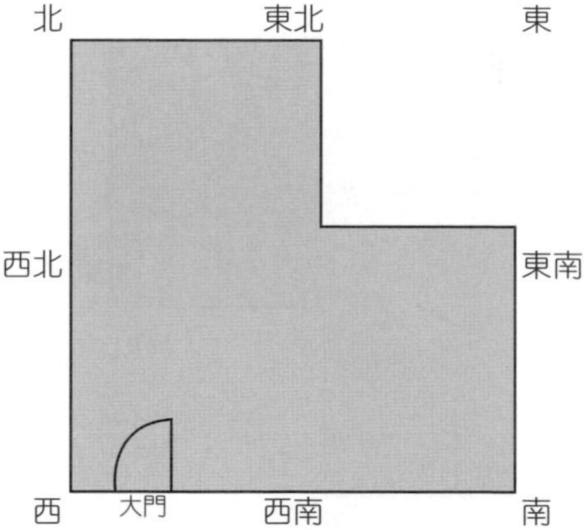

平面缺東的房屋

對健康的影響：

一個房子如果缺了東方，家人在健康上比較容易出現焦慮，做事無法集中精神，常常覺得睡不好、又很容易疲憊，也很容易莫名其妙的發脾氣。

在易經卦象中，東方代表身體上肝的部位，也代表聲音，舉凡跟肝有關的疾病，例如：眼睛、長時期的熬夜、眼睛乾澀、流眼淚，或是長時間睡眠狀況不好，或是神經系統上的毛病，脾氣不好、憂鬱、頭痛、神經衰弱、顏面神經失調，或是小孩的語言出現了障礙，常常聲帶感覺不舒服，都可以先從居家的東方找起，看看是不是風水出了問題。

二、平面缺南的房屋

對家庭及家人的影響：

南方在易經卦象中，代表第二個女兒的運勢，或是年齡16歲到30歲的女性，如果缺角了，女兒的人際關係會顯得不好，而且她的感情路上

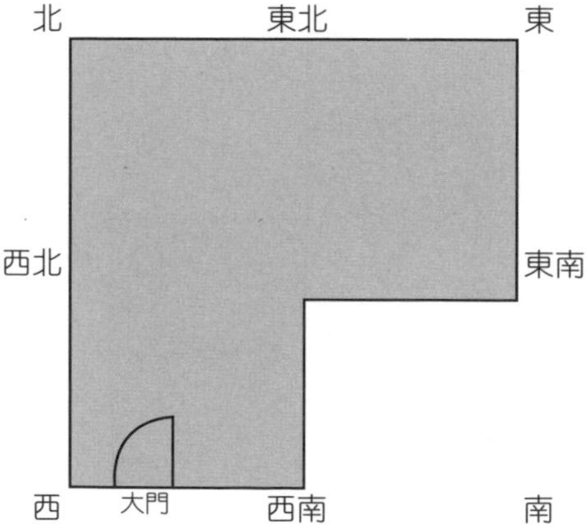

平面缺南的房屋

會特別不順利，如果到了適婚年齡，通常也會錯過美好的姻緣，即使有了正在交往的男朋友，也會因吵架或第三者介入而分開，甚至沒有婚姻。

以整個家運來看，夫妻會為小事爭吵不斷，嚴重者還容易出現女性紅杏出牆、丈夫容易有外遇。缺南方的房子，家人比較重視個人的生活隱私，對金錢方面沒有觀念、揮霍無度，很容易借貸過日，如果是在做生意的朋友，請注意盡量以現金做買賣，而且不可以為他人作保、背書，否則可能容易被倒帳，也容易出現官司及口舌是非等事。

對健康的影響：

南方屬火：一個房子如果少了南方，家人做任何事情時會顯得急躁，跟家人的溝通也容易產生冷漠的情形，或者是像速食一樣，感覺是漠不關心的樣子，而且家中容易產生有暴力傾向的男女，他們的情緒容易失控，一些申請保護令的朋友們，可以先檢查一下居家是否少了南方。

長時期居住在這樣的空間當中，也比較容易有慢性疾病的發生，例如：心臟病、血壓不穩，有人高血壓，有人低血壓，敗血症，中風型的腳氣病，眼睛容易疲勞，注意力變得不集中，小孩在語言學習上也容易有語言遲緩的問題。

三、平面缺西的房屋

對家庭及家人的影響：

西方在易經卦象當中，代表最小的女兒，也稱少女之意，或是年齡16歲以下的女性，除了影響少女的工作運與事業運之外，她的婚姻也不盡美滿，除此之外，又關係到整個家庭的財務狀況，西方是一個財富的方位，更是一個交際與口才的方位，在一個房子的功能上佔有極度的影響力，如果西方不見了，整個家庭易有全面性的負債，也有可能會因為經商失敗，或是卡債的問題，造成一家人為經濟所苦。

在外工作的朋友們，如果發現與同事間經常有口舌是非，或是容易被朋友出

賣，也可以檢查一下西方的位置，因為西方主交際應酬，西方不見，與人溝通不易，容易遭小人暗算，可能因為一句話的錯誤，導致官司的情形發生。

對健康的影響：

口腔容易有潰爛的情形，牙齒容易鬆動，或是齒顎發育不完整、有咀嚼上的困難，而間接影響腸胃消化吸收、排便不正常，導致便秘或是脹氣的情形，或是痔瘡，晚上也會經常性的上廁所，思考上嚴重缺乏決斷力，比較喜歡幻想，或做一些不切實際的事情。

以年老的長輩而言，長期居住在這樣的房子中，容易引起肺部感染、支氣管炎，很容易哮喘或是咳嗽，特別要注意保暖，如果是小孩，會隨著季節性的變化，常常感冒，在成長

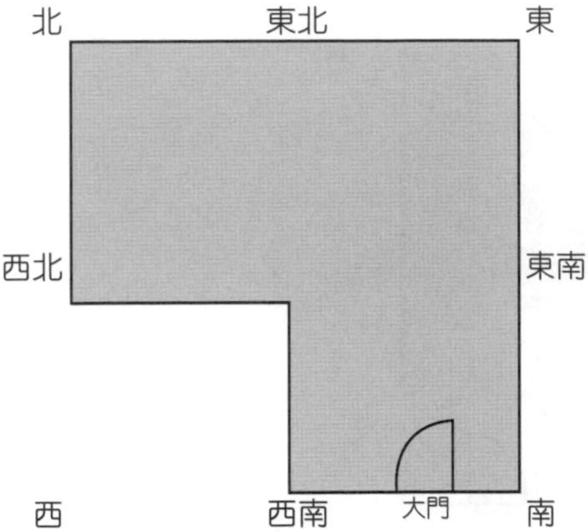

平面缺西的房屋

發育的過程中，會顯得比同年齡的孩子要瘦小，也請盡量補充營養，身體有足夠的抗體，才不會經常跑醫院。

四、平面缺北的房屋

對家庭及家人的影響：

北方在易經卦象當中，代表第二個兒子的運勢，或是年齡16歲到30歲的男性，他的睡眠品質比較不好，讀書也不專心，容易有神經衰弱的病症，自然工作運不好，嚴重者甚至有找不到工作的窘境，婚姻宮也容易因為奉子之命而成婚，婚後又因為彼此的不信任而產生第三者，而使原本的婚姻出現嚴重瑕疵，甚至離婚。

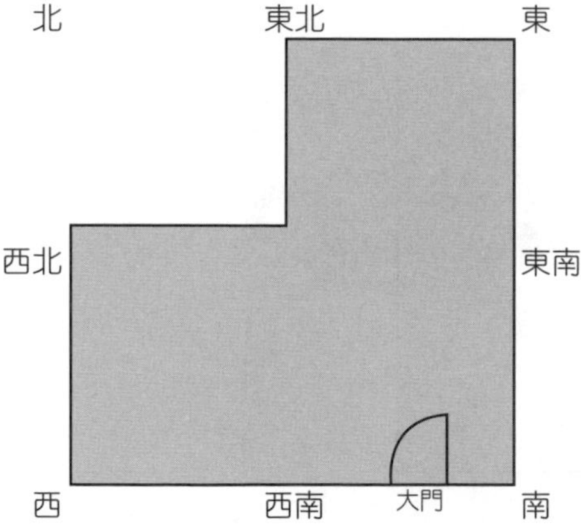

平面缺北的房屋

在整體的家運當中，家人容易有不信任對方的情形，彼此會欺騙對方，父母與孩子更是如此，有時明明是出去玩，卻跟父母說是去看書，鄰居間的感情不睦，常常會有敵對的情形發生，有時也會為了停車的問題而吵架，為了討好別人，東家長西家短，是房屋缺乏北方的特色，使得自己的生活圈越來越小，當有事情發生的時候，找不到朋友或家人來幫忙。

對健康的影響：

北方對女性影響很大，它象徵穩固，也象徵午夜的意思，是一個屬於陰的方位，通常會跟血液循環脫離不了關係，所以手腳冰冷、月經不順、不孕、婦女病變，男生則有攝護腺肥大的問題，眼睛常常黑眼圈，腎臟功能不好，常常想要上廁所，身體容易疲倦，還有容易近視眼，無心處理自己的事物，常常家中一團亂，並非他不想整理，而是家中北方缺角，他會顯得心有餘而力不足，有時只是打掃了一下，就顯得疲憊不堪，另外請務必定期性的做健康檢查，像子宮肌瘤，或是乳房的病變，不可不防。

五、平面缺東南的房屋

對家庭及家人的影響：

東南方在易經卦象當中，代表長女，或是年齡31歲到45歲的女性，如果缺了東南方，他的婚姻宮除了比較慢之外，也容易抱持獨身主義，思想方面比較叛逆，說話方式直接，不會考慮對方立場，感情不容易付出，甚至不婚。

家庭運來說，通常家人回家後就直接進入自己的房間，把家當成旅館般，也不會整理、清潔房間，只剩下母親一個人做，有時也容易追求物質享受，生活方面奢華而浪費，極可能為了一頓大餐，而一個禮拜吃泡麵，慾望無止盡，往往只會指揮

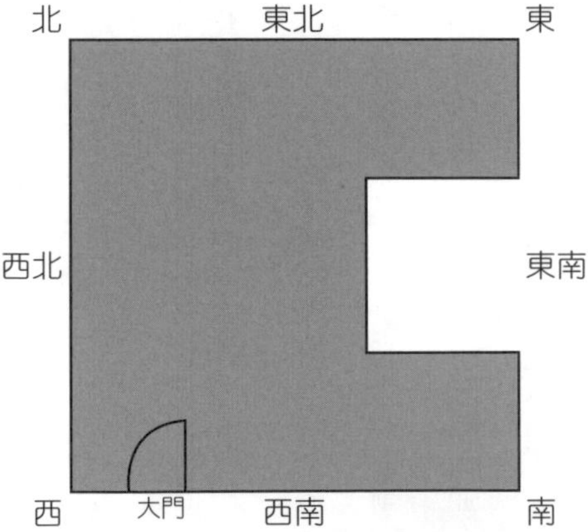

平面缺東南的房屋

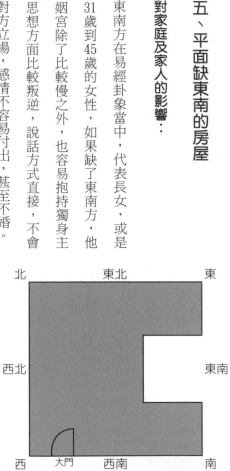

別人做事，自己則不願意付出，住在此種房屋的朋友，無論男女，婚姻皆晚，他們在乎外表、美貌，注重外在一切，忽略實質上的需求，等到真要結婚時，才發現彼此可能沒有能力照顧對方，最後還是分手。

對健康的影響：

易經卦象中，東南方為巽卦，代表風、氣，也象徵一個人的精、氣、神，東南方缺角，精氣神自然變得比較弱，整天容易疲倦、眼睛無神，整個人看起來沒有朝氣，假日可能全家人都睡得很晚，也起不來，而且全家人都要注意流行性的問題，例如現在流行感冒，家人會輪流交替感染；流行結膜炎，或是急性腸胃炎，家人也會都跟著流行，也就是全家人的抵抗力很弱，這樣的家庭，建議在家中吃三餐，飲食注意衛生，家中保持乾淨，是保護全家人健康的不二法門。

六、平面缺西南的房屋

對家庭及家人的影響：

西南方在易經卦象當中，代表母親，也就是年齡45歲以上的女性，缺了西南，母親身體要多加注意，常常會有小病痛的狀況，不過也有些是父母離異，家中根本沒有女主人。通常在選購房屋當中，比較忌諱缺了西南方或是西北方，它分別代表了家中的女主人與男主人，如果一個房子少了男女主人，在整體的家運上會比較艱辛，單親家庭更不建議住此種房屋，家人的包容力會變少。

西南方也象徵滿足、積極之意，也代表女人對先生有很大的幫助，少了西南，女性非但無法幫助先生，還可能沒有原因的責罵先生，夫妻難有共同的理想，就連管教孩子都可能出

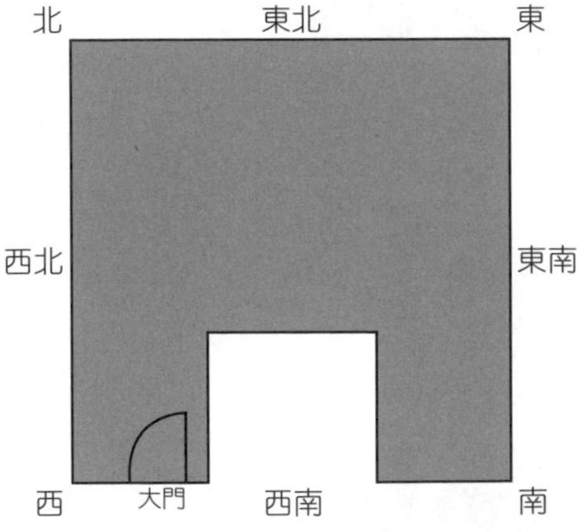

平面缺西南的房屋

現教育觀念不同，而常常為小事吵架，未婚男女，更有女權高漲的傾向，難有真心的異性朋友出現，這種男女關係，通常最後不了了之而收場。

對健康的影響：

不論男女，看起來會比實際年齡大很多，皮膚沒有光澤、比較老氣，即使化了妝，也看不出年輕的氣息，做起事來也是慢慢的，不喜歡出遠門，如果有人找他們出去玩，他們通常會拒絕，生活好像缺少了活力，凡事提不起精神，腸胃消化不良，不是常常脹氣，就是常常拉肚子，有時你也會發現，他們家人的肚子比一般人大，像啤酒肚一樣，有時也容易出現肥胖的婦女，或是生理期常常不正常，或是皮膚暗沉、皮膚過敏、雀斑、皺紋很深，也容易有流行性感冒，最主要都跟西南方有關。

七、平面缺東北的房屋

對家庭及家人的影響：

東北方在易經卦象當中，代表最小的兒子，也叫做少男，或是年齡16歲以下的男性，缺了此角，通常他對財務不懂規劃，也比較容易浪費，或是好吃懶做、不務正業，個性上也比較自我、跟父母的溝通不良。

整體的家運來說，東北方也象徵口角，家人除了溝通有障礙之外，全家人沒有向心力，大家都以金錢為導向，例如浴室天花板壞了，沒有人願意出錢修理，大家都不管，誰看不下去，或是誰比較有錢，才會拿錢出來。家人在工作上，也喜歡好逸惡勞的工作，不肯吃苦，因此會經常性的換工作，也會不切實際的想一步登天，大家都想當老闆，即使口袋空空，也會常有一些夢想，但通常是無法達到的。

對健康的影響：

東北方缺角，家人的筋骨都不好，容易有肩頸痠痛、風濕性的關節炎，手腳易

麻，膝蓋關節也容易出現退化，骨質疏鬆，或是跟骨頭有關的毛病，像容易腰痠、手臂舉不起來，一個小碰撞就可能骨折，或是瘀青不容易消退，還有鼻子方面的問題，以台灣的氣候來說，很容易出現過敏性鼻炎，經常性的流鼻涕、鼻竇炎，也跟東北方有關，面對這樣缺角的房屋，除了每天必須給自己一點時間，充分的做運動，不要給自己太大的壓力，充足的睡眠，還有多補充含鈣的食物，多喝牛奶，都是不錯的選擇。

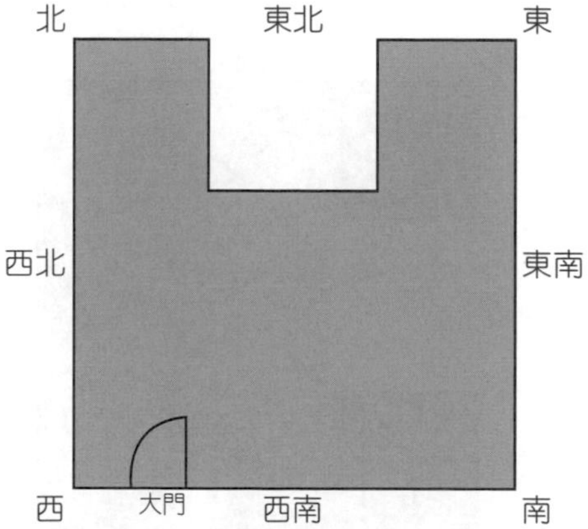

平面缺東北的房屋

八、平面缺西北的房屋

對家庭及家人的影響：

西北方在易經卦象當中，代表父親，或是年齡45歲以上的男性，少了西北方，父親的小毛病比較多，如果不注意，慢性病將不斷產生，在家中也沒有權力，通常在教育孩子時，沒有威嚴，小孩不會聽他的，自然也比較容易叛逆，父親的事業難有發展，工作上常遇到挫折，做事也有始無終，賺的錢也不夠家中花費，身體又不好，也難得到子女的尊重。

整體的家運而言，缺了西北，容易產生決策上的錯誤，對自己沒有信心，但有時又極度自負，不容易接受別人的意見，一意孤行，例如，本來應該賣車還卡債的人，他可能重複再去刷卡借錢，而讓利息更高，最後連房子都可能被拍賣掉，如果是在做生意的朋友，比較容易喜歡凸顯自己的身分地位，卻忘了自己應該做些甚麼可以讓自己賺更多的錢。

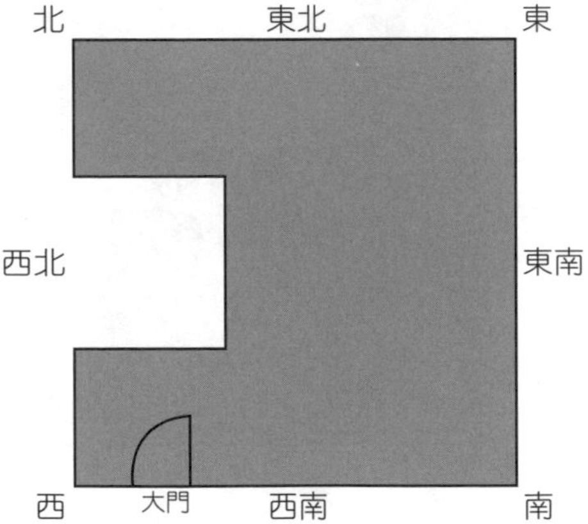

平面缺西北的房屋

對健康的影響：

西北方，影響的多跟全身性的疾病有關，起先可能你只是發現睡眠不好，或是睡眠過程中多夢，早上起來頭老是昏沉沉的，一整天沒有精神，一直想睡覺，所有的慢性疾病皆跟睡眠有關，所以西北方主宰一切慢性疾病的發生，是慢性病的殺手，一旦發生了睡眠障礙時，必須馬上調整，另外脊椎容易側彎，穿著高跟鞋更是痛苦、無法久站，另外，也常容易覺得胸悶，呼吸像是上不來一樣，感覺有很大的壓迫感，其實是心肺功能比別人提早老化，多運動，是增進健康的不二法門。

◎問題Q&A

1．何謂缺角？

房屋是由四個面所組合而成，在整個房屋平面圖當中，凹進去的部分，超過單面長度的三分之一，稱為缺角。

2．何謂凸角？

凸出去的部分，超過單面長度的三分之一，稱為凸角，又稱為滿。

3．針對缺角提供解決方案：

〔解決方案一〕

準備現在新的五十元硬幣，共36枚，平均擺放在家中缺角的位置，例如缺角位置總長度為360公分，則平均10公分放置一枚，放置的位置在缺角的牆面上以雙面膠固定就可以了。

〔解決方案二〕

將新的五十元硬幣36枚，轉換成古帝錢，一樣的做法，就可以達到效果，古帝錢是經過人氣：曾經有人使用過；地氣：埋在土裡多年；天氣：經過了數百年的時間，結合日月之精華，也就是結合天人地之正氣，加上36天罡，自然達到補足缺角的缺陷。

〔解決方案三〕

使用金字塔型的黑曜岩，在缺角的底端放置，也可以化解缺角所造成的困擾。

黑曜岩金字塔

古帝錢

五、風水實錄：風水輪流轉，家裡財運為何沒有跟著來

這是一個至少居住在裡面八年以上的房屋建築，房子不大，父親是個建築包商，母親是傳統的家庭主婦，家中有兩男一女，原本父親手上有很多的案件，生意很好，自從搬進這個房屋之後，父親的訂單變少了，到最後連一個案件也沒有，現在就沒工作的閒賦在家中。

母親在不得已的情況下，也只好去打點零工增加收入，大哥則是工作一個換過一個，好像沒有一樣工作適合他，這麼多年下來，其中換了許多個老闆，就是沒辦法好好的長久待在同一個工作崗位上。

然而家中有一個人還比較幸運，那就是弟弟，退伍後就找到一個不錯的工作，

但是說也奇怪，每每遇到公司年度升遷調整或是加薪的時候，就沒他的份，而且還要被老闆唸說自己工作不力等等……到最後就是升遷無緣、加薪無望。

還有一個姐姐則在美髮業工作，美髮師做久了總不希望老是寄人籬下，想想自己的技術或是能力都不差，所以也想出來外面創業，自己就當起了老闆，沒想到，生意不好還不打緊，為了開店，負了一些債務，到現在也還在償還中。

看到以上的案例，到底原因何在？為什麼全家搬進這個房子後都不順利，真的是風水惹的禍嗎？我想怪東怪西，倒還不如更積極去面對未來，我們可以先從風水的角度來看問題點。

一、穿心煞：先來檢查他們家的大門，或是房間門，如果是以下的風水格局，那就要注意嘍！

如果大門或是房間門被樑直接從門框上方穿入，壓在門框上方與門成垂直，這樣的風水煞氣我們稱為穿心煞，這就如同一把箭直接往人的心臟穿過。

在陽宅風水學上，這表示著也許曾有多次工作機會，而且看來錄取機會蠻大的，但每次都是等待通知，工作機會到最後總是被別人搶走；如果是自己當老闆的，訂單眼看就要到手了，沒想到半路殺出程咬金而單子被別人接走，最後訂單或案件一個一個的槓龜，自身的事業就會產生危機，這樣的問題不論在工作、事業上，失望老是比期望多，其實這不是只有您個人的問題！居住在家中的人，也會

直樑穿心

有類似的情形！

因此居住在這裡的人，久而久之因為事事不順遂，家中必定爭執不斷，而永不安寧！然而這家人的房子不但大門有穿心煞，而且房間門也是，他們也總覺得老天怎麼那麼不公平，為什麼總是事與願違而怨聲連連。

生活的角度：門就好比人一般，這就好像這個家裡的每一個人都被樑壓的喘不過氣來，這樣運勢又怎麼會開呢？

★化解方法：

如果樑穿的位置是大門，請在屋內樑下大門後方及另一端的地面放置約6～8公分左右的透明白水晶柱，如果是房間門遇到穿心煞，請在房間內的樑的兩端地面放置約6～8公分左右的白水晶柱就可以了，這樣的用意是將樑頂住，也代表有人可以幫您擔樑，當問題發生時，也表示會有人先幫您扛起的意思，台灣的房屋格局較會有這種問題，我也曾經走訪新加坡及大陸，他們房屋格局上就通常會避開。

接下來我們要來看看這家人的房子還有什麼風水問題，但是在談之前我們先看看自己是否有下列情形呢？如果有，那就要趕緊需要做調整。

1．您是否覺得看不到前景，看不到未來！

2．您是否經常覺得入不敷出！錢財老是從您身旁溜走！

3．您是不是覺得您的一切好像別人都看在眼裡！

檢查一下大門入口的玄關處，或是開門就能幾乎看到屋內的一切，所謂開門看光光，錢財漏光光（開門見主臥，開門見廁，開門見灶），如果是這樣的風水格局到底會如何？所以玄關在這個問題上就扮演相當重要的角色了。

開門見主臥，開門見廁，開門見灶

二、玄關：我們先來看玄關的造型到底應該如何佈置才是最恰當，玄關是大門與客廳的緩衝區，它具有化煞防洩（漏財）的作用，還有美化的功能，因此玄關頂上的天花板宜高不宜低，且不可做太多的柵欄造型，或階梯造型，因為這樣會具有強大的壓迫感，象徵著這家人備受壓迫，難有出頭。天花板高，玄關空氣流通舒暢，對家宅運氣也會有影響。大門玄關做法上必須高度高過門，寬度也要寬過門。

如圖，這家人又犯了風水禁忌，在入門玄關處上方天花板做成柵欄造型，難怪一家人都受困，有志難伸。

★化解方法：

1．不做太低的天花板。

2．如果已經形成，可以利用燈具照明，讓視覺上比較高，比較明亮。

3．如果是柵欄造型天花板，最好是把它封平或拆除。

玄關處天花板為柵欄造型

再來就是有許多人喜愛在玄關對面懸掛鏡子，但是我們要知道鏡面是不可以正對大門的，陽宅風水上鏡面直接對大門，這樣的問題容易造成居家內的成員容易與別人產生意見不合的情形，相對的人際關係也會不好，事業上的貴人就不會出現，可以說根本沒有未來可言。鏡面會容易讓人有產生錯覺的感覺，老覺得回家有人在偷窺自己的一舉一動，造成回家的第一個反應是不快樂、不安，也容易焦慮。

★化解方法：

將鏡面拆除移到沒有對到門的地方，或用布遮住，要用時再打開。

三、陽宅第一凶最忌穿堂風：從進大門一眼就可以看到前面的落地窗再看到外面，或是看到窗戶後再看到外面，在風水學上稱為穿堂風，穿堂風影響最大的是錢財方面不容易守住，住在這種房子的人是賺多少，花多少，沒有辦法存住

錢，而且自己可以賺多少錢早已被別人清清楚楚的算計著，有時也容易相信別人做出不當投資而破財，也暗示錢財早已外露而不自覺，象徵著財來財去、財進財出、入不敷出！

★化解方法：

在入門口處做一道玄關造型牆，牆的大小必須比門寬，比門高，要化解穿堂風的玄關造型絕對不可是玻璃，或可透光材質，或做成柵欄木條型的，必須是實牆木板才可以。

如果因為家中空間太小而無法做玄

穿堂風

關，那就必須在大門對到落地窗的位置，用厚實不透光的窗簾布遮住，遮住的範圍同樣必須比門寬，比門高，才能有效化解穿堂的問題。

四、另一種穿堂風的看法：大門直通後門～出走房

大門直通後門在陽宅學上形成氣直沖的煞氣，大門主要是管進出人員的地方，大門也象徵納財氣之口，前門直通後門造成錢財前進後出，所以代表收入可能才剛進來，但馬上就會有很多事項等著你支付，無法聚財氣。從生活的角度，風直接從前面穿透到後面，也象徵脾氣個性上會

大門直通後門

比較直接，也比較不會想要防備別人，前門直通後門通常會形成一個走道，像一個走廊，「走」代表流動性，可能居住在裡面的人比較不喜歡待在家裡，走也代表流動，錢財的流動將會很大。

★化解方法：

1．後門必須常關，並加一道長門簾。

2．做一道隔間牆，使得從大門看不到後門。

五、凹風煞：這種問題比較容易發生在一整區的舊式公寓中，或幾棟大樓夾雜著舊式的公寓，這種煞氣的形成主要是因為蓋房子時可能會留有一塊空地，大家就利用現有的空地亂蓋，形成一個凹槽，或是2排房屋後方的防火巷有人加蓋造成防火巷通風不良，在陽宅學上，形成凹風煞。

凹風煞主要影響是家人身體上容易有胸悶、不快樂、憂鬱的情形，也會影響人際關係，工作上容易受到排擠，也沒有機會可以換較好的工作，甚至對婚姻也會有所影響。

生活的角度：這片凹槽上有很多的雜物是我們無法清理的，還有空氣也比較不新鮮，每天看到外面就是別人的後陽台，尤其是睡在接近凹風煞的房間，其實根本不想開窗，久而久之，心情自然快樂不起來，也比較容易煩悶。

凹風煞

★化解方法：

如果可以的話，別人加蓋的屋頂要清理乾淨，並利用盆栽植物綠化，植物必須為闊葉植物，而且盆栽必須是單數為佳。

六、拱門：

看到以上的煞氣，想想這家人所遇到的問題還真不少，其實老師堪輿跑遍全台灣，很多房子的問題也是有比上述家庭還要多的，只是不要一朝被蛇咬，十年怕草繩，所以當我講完房屋內的問題後，這家的男主人就急著問說：面對他們家客廳外面的一棟建築物有拱門的造型，會不會對他們家造成影響？

拱門

其實面對拱門造型不會有影響，在古代來說多用於宮廷、廟宇，或者藝術建築，站在這裡我們看到的是一個藝術建築，也代表這裡具有比較大的文人氣息、書卷味濃厚的房子。在這裡是好的風水，但如果拱形太像墓碑，那就不好，會遭來莫名其妙的病痛。

最後，我要幫這家的風水做最後的檢查，打開他們家的大門，看看會遇到什麼問題。

開門見梯——大破財，意外血光之災

這個煞氣主要與財運有關，也有可能造成意外血光的煞氣。

開門直接面對向下樓梯，在陽宅學上會造成兩個問題，我們常說開門見下去的樓梯，大破財，導致財運節節拜退，也主血光，尤其是居住在裡面的女主人，可能

較容易造成子宮下腹部有開刀的現象。

生活的角度：所謂水往低處流，其實氣也是會流往低處的，開門直接面對向下樓梯，金錢也會迅速流失的，另外一方面，走樓梯往下其實也較易發生跌倒的現象。

★化解方法：

需在門口地面放置紅色地墊，並在地墊下壓五帝錢。雖然化解方式已做，凡事還是要小心謹慎。

開門見梯

六、如何挑選一間好房子

買房子是人生一件大事，一個好房子，通常也是可遇不可求的，常有人問我，到底何種房子最適合我，或者是這個房子能住嗎？還是這個房子住下來會平安嗎？一個好的房子必須擁有自己可以主導的格局，一個具有發展與激發創造思維的格局、大環境的變化，並非我們能夠主導，但小環境的住宅，卻可以透過風水的格局調整，以趨吉避凶的方式，達到我們想要的理想住宅環境。

到底該如何選一間好房子，使你找房子不再害怕？

好房子除了內部格局，外在環境也很重要

◎陽宅首重：外六事與內六事

外六事：山形，河川，廟宇，道路，橋樑，樹木

內六事：大門，客廳，神位，臥室，廚房，廁所

現在我們就從外六事來看起：

一、依地形環境看

1．看地形：在方方正正的地上蓋房子，三角形、刀形、梯形不宜

2．大斜坡不宜

3．狹長屋，比例長與寬超過二分之一不宜

4．地基太鬆軟不宜

5．地基以前是墳場、刑場、宮廟

二、依路面禁忌來看

1．反弓路

2．彎弓直箭路

3．穿心路～路沖

4．死巷路

5．鐮刀路

6．地面前高後低不宜，或左高右低，右高左低皆不宜

7．前後皆路

8．反弓水

9．房子比路面低

反弓路，剪刀口

地面前高後低

三、看地氣

要看四周的植物、環境、居住的人。黃帝宅經：「地善，苗茂盛，宅吉，人興隆」。

四、看屋外形煞——不宜的形煞

1．高塔、電線、煙囪
2．房子外面有大石頭或障礙物
3．四周不宜有污水池
4．垃圾場
5．大型排水溝
6．墳墓

電線桿

7．房子在斜坡盡頭，最低點

8．不可正對橋樑

9．屋脊、尖角煞、壁刀煞、天斬煞

10．兩門相對

11．電線桿

12．一牆開2口門，一牆開2口窗

13．高架道路從房屋旁穿越

14．住宅前後有神壇或廟宇

15．鄰近醫院

16．門前有大樹

天斬煞

五、看不宜的房形

1. 前寬後窄：事業有前好後不利的情形發生
2. 四周不可以缺角
3. 不可成為十字型或ㄇ字形或ㄈ字型
4. 門前有破屋，或是長年無人居住的房子
5. 門前雜草叢生
6. 低於市價非常多的房子
7. 太老舊沒有整理的房子
8. 四周都沒有房子，孤聳屋
9. 外牆爬滿了藤蔓
10. 漏水年久失修的房子
11. 外牆剝落
12. 兩邊都是新大樓，房子在中間

破落屋

13．到處加蓋的房子

六、看內六事

1．水溝從住家地面經過
2．化糞池在室內
3．光線通風不良
4．房屋內窗戶太多
5．房屋內門開太多
6．開門見廁
7．廁所在房屋中間
8．廚房在房屋中間
9．瓦斯爐上方有水溝
10．牆面貼滿了符咒
11．廚房與廁所相對
12．廁所門與房門相對
13．廚房門與房門相對
14．開門不見客廳
15．大門直通後門
16．大門直接對向下樓梯
17．大門不宜正對電梯
18．大門正對停車場入口

19．內格局地面高高低低

20．客廳太小，房間太大

21．廁所太低

22．廚房太低

23．沒有後門的房子

24．房中有房

備註：

陽光、空氣、水，是人類生存不可或缺的基本條件，然而陽宅風水事實上也必須要相當重視陽光、空氣、水這三個重要因素，房屋居住起來才會健康、舒適，也才能進財。

接下來就一一說明陽光、空氣、水，到底對陽宅風水有什麼重要性？

一、陽光：光線對陽宅風水是相當重要的，光線的強弱、明暗、柔性與否，會影響居住在房屋裡面人的個性，首先客廳要亮，房間可暗，所謂光廳暗房，客廳代表家中明堂，也是全家人聚集或招待客人的場所，客廳光線明亮，全家人向心力較夠，家人心性也較為開闊，如果客廳光線誨暗，我想不會有人想要待在客廳，相對的家人凝聚力就會較為薄弱，久而久之就會各自為政。

當然如果白天的客廳光線不足，也只能夠補強客廳燈光的部分，盡量將客廳的照明能夠打的明亮一點，但是還是完全無法彌補光線不足的缺點，所以房屋居住還是要選擇白天客廳光線明亮為優先，再來就是房間光線要暗，但是不要誤會，所謂暗房不代表完全沒有窗戶，昏暗無光，房間光線須適中，就是不能太亮也不能太暗。

其實現在很多新式建築強調戶戶採光良好，包括臥房的窗戶都開的相當大而且低，房間的光線都相當明亮且充足，其實這樣反而會造成睡眠品質不好的影響，另外陽宅風水忌腰部以下懸空，如果臥房的窗戶開的太大而且過低，腰部以下也是窗戶或透明玻璃，造成的影響會讓睡在裡面的人睡眠品質不好，沒有安全感，另外可

能容易造成小破財的現象，還有就是有可能會有病痛產生。

我想以前比較老式的公寓建築，房間的窗戶都開的相當適中，光線明暗也適中，腰部以下也不會透明。如果臥房窗戶開得太大，您就必須使用窗簾做適度的遮掩，而且窗簾的材質及厚度就要有所要求，盡量採用厚實不透光的材質，類似飯店旅館在使用的，另外針對腰部以下透明玻璃的部分，可用木板直接封住，或直接做一排矮櫃遮蓋即可。

房間內光線以適度為宜

臥房如果沒有對外窗戶或過暗，夫妻久睡會造成病痛，事業也會受到影響，如果是成長中的青少年，可能會造成個性上較無責任感的問題，如果是長期睡在這樣的房間到了適婚年齡，也容易會影響婚姻。

總之，居家風水光線明暗適中是相當重要的，太亮或太暗都不適宜。適當則足以助之，過之或不及則足以害之，不可不慎！

二、空氣：空氣對陽宅風水有何重要性？陽宅重藏風納氣，好的氣場對陽宅風水會有加分的效果，不好的氣場對陽宅風水會產生不良影響，那如何能有好的氣場呢？

1．平時就要保持通風良好，但是現在城市中居住擁擠，常常房房相連，一家烤肉萬家香，防火巷都很狹小，無形中會形成所謂的凹風煞，如果睡房外是這樣的風水煞氣，通常久睡在裡面的人，婚姻、人際關係都會受到影響，化解的辦法，需

在睡房窗台種植盆栽，以活化氣場，1～3盆為宜。如果盆栽壞死就必須要更換。

2．室內必須要保持乾淨整齊，以維持好的氣味，常常有人房間屋內零亂不堪，有時甚至於連走路或坐的地方都沒有，想想看，這樣氣要如何流通呢？氣如果不流通如何招財呢？這樣是會影響財運的。如果是房間內零亂，衣服亂丟，東西堆積如山，房間只有一半的床能睡覺，那麼此人理財有可能會有問題，也較易花用，這樣都是不聚財氣。最好的辦法就是將室內整理乾淨整齊，以利招財納氣。

3．室內有養寵物的朋友。也要注意寵物的清潔，如果沒有處理好也會產生不好的氣味，這樣也會間接影響你的財運喔！

保持良好通風，在陽宅風水亦是相當重要

4・冷氣是室內通風及涼爽的工具，但是使用不當或裝錯位置也可能讓您破財喔！床頭的正上方絕對不可是冷氣，床頭左右側方也不可裝冷氣，床尾正後方亦不可，因為這幾個位置都會當你在睡覺的時候冷氣直接吹到頭部，久而久之會有頭痛、精神不集中的現象，進而影響工作，招致破財。冷氣在臥室最好的位置是在床尾的左右兩側上方為最恰當。

總之，氣清則神清氣爽，氣順則無往不利，保持居家氣場良好是很重要的。

三、水：最後我們要來談到水，水對我們人體是很重要的一項物質，相同的水對陽宅風水的影響亦是相當重要的，水對陽宅風水是屬財，利用得當則容易招財，反之則會破財。

有很多朋友的住家跟河川或溪流或大排水溝很靠近，如果河川或溪流或大排水溝從您住家觀看是環抱的形狀，那麼則是很理想的地理，表財運良好，也較能聚

氣，進而旺財。但是如果為反弓，主容易有車禍意外血光，運勢也較會受到阻礙。如果反弓水出現在住家後方，主子女較易反背也不太聽話。

不論前反弓或後反弓，可使用山海鎮或凸面鏡來反制，所謂山管人丁水管財，水對財有相當的關係，所以需十分謹慎地來看待。

最後來教大家劫水財的方法，我想大家都希望財不要過門而不入，目前不論經過您住家的河水或馬路（高架道路、高速公路），是從左至右或從右至左，請拿7枚古帝錢（需開光），用紅線將7枚古錢縫在四方的黃布或黃巾上成北斗七星狀，完成後將北斗七星的杓口面向水流來的方向或車流來向即可，如此就能將水財截住。

希望不管是您住家內的水或住家外在得水都能幫您旺財又聚氣。

七、財位、文昌、桃花的喜忌

一般來說，房子的財位是在大門入口的對角線，但是欲求財運亨通，風水強調，必須生旺財位，以求家肥屋潤，以下幾點不可不注意。

◎財位最忌諱以下十項

一、財位在廁所：財位怕污穢與臭氣，如果流年財位在廁所，它將變得一無所用，也象徵財位受到了污染，非但不能招來財富，還要注意可能的破財，也象徵每用一次洗手間，財就損耗一次。

★化解方法：

將浴室改成乾濕分離，通風良好，並保持乾燥清潔，在洗手台或水箱上面擺放

三顆黃玉石，或土種闊葉植物即可。

土種黃金葛

黃玉石

二、財位髒亂不堪：不可以放掃把、垃圾桶，有些人財位正好在房間，可惜的是堆了一堆雜亂無章陳年不穿的衣物，那麼也象徵此人不會理財，甚至可能省吃儉用很久，卻因為一件突發的事件，使得瞬間失財。

★化解方法：

整理乾淨，並擺設聚寶盆。

三、財位沒有光線：財本來就是應該要生生不息、源源不絕的，因此明亮自然生氣勃勃，如果沒有光線，就顯得死氣沉沉，光線不僅是財位需要而已，我們之前就討論過光線的重要性，光線進不來，財神爺自然也就進不來了。

★化解方法：

增加照明，可選擇日光燈。

四、財位無靠：財位後面若是空，或是玻璃隔間，或是窗戶，都是沒有靠山，且容易犯小人的意思，往往容易支出大筆的金錢，因此財位必須要有實牆為靠山，才可以藏風納氣，累積財富。

★化解方法：

以櫃子遮擋，若是窗戶可用窗簾布。

五、財位被大樑壓到：風水學上，很多禁忌都跟樑有關，以目前的建築物，房內不可能沒有樑，一般來說，財位如果是被20公分左右的樑壓到，是可以接受的，但如果是大於20公分以上的樑，我們就稱之為大樑，財位受壓，象徵此人賺錢辛苦，必須委曲求全才可以賺到錢財，或是被錢財壓得喘不過氣來。

★化解方法：

在樑的兩側放水晶柱，象徵有人幫您擔樑，在財位上擺放麒麟，用以招財。

六、財位被尖角對到：如果您家的財位被一個大櫃子的角直接沖煞，那是會影響錢財的，對業務上來說，可能每每快談成的案子，會臨時出現問題，而功虧一簣。

★化解方法：

將櫃子移開，如果無法移開，則必須在財位上擺放水晶圓球，用以化解此利角所帶來的傷害。

七、並不是每一個財位都可以擺水的：有的人很喜歡在財位擺上一個風水滾輪，或是魚缸，認為可以催動財運，事實上，水本身就是財，不當的擺放可會損失錢財的，因此不可不慎。

八、財位在樓梯：財宜靜不宜動，如果財位正好是樓梯，容易財來財去，財進財出，也容易有入不敷出的現象。

★化解方法：

樓梯乾淨、整齊，樓梯間擺放水晶洞或銅麒麟。

九、財位在大門口：門口人員是進進出出的地方，財位如果在大門口，不僅事業會往下走，連借出去的錢，可能都要不回來。

★化解方法：

將紅地墊放在大門口，並在紅地墊下壓五帝錢。

十、財位在窗口或缺角處：象徵沒有財富，即使賺再多的錢都將留不住。

★化解方法：

窗戶以窗簾遮住。

◎財位最喜歡下列四項

一、財位最好在臥房：財不宜露白，如果財位在房間，又是在主臥房，那麼對財運來說，會有很大的助益，因為人的一生當中至少有三分之一的時間，是在睡房的，日積月累下來，財運自然亨通。

二、財位可以放什麼：財位可以放有生氣的植物，必須是大葉、圓葉的，代表生生不息，也可以放聚寶盆，或是存錢筒，象徵累積財富，或是自己最心愛的物品，或是招財的吉祥物品。

財位

聚寶盆

三、財位也可以在客廳：財位，顧名思義，是全家人財氣所聚的方位，如果是在客廳，又正好是沙發上，全家人在看電視、聊天休息的同時，便可以沾染到財氣，使全家人的財運更旺。

四、財位也可以在廚房：廚房在古代來說，就是財庫，因此也喜歡在廚房，只是廚房是女主人的地方，因此建議，女主人管理錢財，或是要用錢時，可以多跟女主人商量，她可以給您不錯的意見。

◎文昌位的喜忌

除了關心全家的財富之外，孩子會不會讀書、會不會考上好的學校，通常父母們也會注意書房的擺設，或是書桌的位置，以便使子女們可以專心唸書，考試名列前茅，而風水上如果文昌位位在書房或正好是書桌的位置，那麼就會是一個非常理想的佈局。到底文昌位是什麼？風水上文昌位可以使家人的學業與事業受到幫助，文昌是代表智慧、判斷力與分析力的組合，同時也代表考運、升官與功名，又稱為文曲星，它可以使人目標更明確、謀事如意。很多人只以為文昌是孩子求學唸書的方位，其實它對一個人事業可否成功，也有很大的影響力。萬一流年文昌的位置不好，個人文昌位就是考量的重點。

文昌代表功名、智慧、判斷力

◎個人文昌位怎麼看

個人文昌通常以四柱八字中，年柱的天干為主，例如：51年次，年柱為壬寅年，壬的文昌就是為東北方，有時並不知自己的年柱是什麼，這時我們也可以利用年次的個位數，來看文昌位，兩者是相同的。

年柱天干	年次個位數	文昌位
辛	0	北方
壬	1	東北方
癸	2	東方
甲	3	東南方
乙	4	南方
丙	5	西南方
丁	6	西方

戊	7	西南方
己	8	西方
庚	9	西北方

◎文昌位與書桌最忌諱以下五項

一、文昌位在樓梯：文昌與財位相同，最怕在動線上，代表孩子一下子考得不錯，一下子考得很糟，學習力不穩定，有時也坐不住，也代表升遷常常容易有變數，本來可以調職到不錯的職位，卻因外力因素而造成變化。

★化解方法：

在樓梯間放置紫水晶洞與麒麟八卦，用於鎮住文昌。

二、文昌在廁所：文昌不可以被污穢，文昌星是專門管理天下人的功名利祿，一旦被污穢，容易下錯誤的判斷與決定，做事情常常容易出錯，升遷與考試自然也不理想，因此文昌在廁所，凡事要多跟家人討論，讀書也要比別人更用心。

★化解方法：

廁所保持乾淨，在馬桶水箱上面放上土種黃金葛或三顆黃玉石。

三、書桌上方有大樑：書桌上方正好有大樑，通常在書桌上坐不久，而且長期坐下來，脾氣個性都會變得急躁與不可理喻，因此書桌上方不宜有大樑。

★化解方法：

以大型白水晶簇擺在書桌上。

四、書桌背後是門：書桌正後方若為門，孩子比較不專心唸書，民俗上也認為這是嚴重犯小人的位置，如果在公司有人背叛，也可以檢查一下居家的書桌。

★化解方法：

移位。

五、座位後方是尖角：如果座位後方是尖角，通常要注意筋骨腰椎的問題。

六、書桌不宜背窗或靠窗：書桌太靠近窗戶，容易使人分心，注意力不集中，也會造成記憶力不足的現象。

★化解方法：

移位。

書桌不宜面窗

◎文昌最喜歡什麼

一、文昌位正好在書房：讀書好，反應快，謀職順利。

二、文昌可以在客廳：當事情必須做決定時，可以全家人在客廳討論。

三、文昌喜歡什麼？如果已經知道自己的文昌位或流年文昌位，可以在那裡擺上四枝文昌筆，或紫水晶，或是四棵開運竹。

四、可以去文昌廟拜拜：準備蔥、豆干、芹菜、蒜、粽子、桂花，記得都必須綁上紅紙，拜完回來後，炒給孩子與家人吃，蔥代表聰明，豆干代表官位，芹菜代表聰明，粽子代表包中，蒜代表會算術，桂花代表貴氣。

◎ 桃花位的喜忌

有人到了適婚年齡，苦無對象，到處去求神問卜，也沒有任何的結果，有人一直在談戀愛，卻老是碰不到理想的對象，也沒有辦法結婚，桃花位到底要如何佈局，才能找到好姻緣，一輩子常相廝守。

生肖	桃花位
猴、鼠、龍	西方
豬、兔、羊	北方
虎、馬、狗	東方
蛇、雞、牛	南方

◎桃花位最忌諱以下五項

一、桃花位在廁所：如果流年桃花在廁所，那麼可不要強求好姻緣會出現，除了常常遇到不好的桃花之外，也要注意容易被劫財劫色，但如果兩個桃花位都在廁所，建議此年不要求姻緣。

★化解方法：

廁所保持乾淨，可以利用個人桃花位來招桃花。

桃花位忌在廁所

二、桃花位在走道或是樓梯間：桃花常曇花一現，或是沒有姻緣出現。

★化解方法：

在樓梯間或走道擺粉紅水晶七星陣。

三、桃花位擺上假花或乾燥花，或爬藤類植物，甚至是有刺的花朵：

男人容易虛情假意，女人感情也不真實，除了多次引來爛桃花之外，看似真感情，都有可能是虛歡一場，因此千萬不可以放假花。

★化解方法：

將假花移開，可以放鮮花。

桃花位忌擺放假花

◎桃花位最喜歡什麼，又該如何招桃花呢？

一、招桃花姻緣的方法

所需物品：

1．36顆粉晶
2．新鮮玫瑰花12朵
3．透明花瓶一個
4．玻璃盤一個
5．紅豆、花豆、綠豆、黑豆、黃豆各8顆

做法：

1．將36顆粉晶放在透明花瓶內
2．插上12朵新鮮玫瑰花

3．將裝好的花瓶放在玻璃盤上

4．並在玻璃盤兩側放紅豆、花豆、綠豆、黑豆、黃豆各8顆

擺放地點：

流年桃花位，或個人桃花位。

二、中國人有3大節日可以針對女人求姻緣，分別是正月初一、正月15日、八月中秋，這三天最有效，記得要身穿紅色或桃紅色的上衣，出門前要帶一個紅包袋，紅包袋內寫下心中理想對象的條件，往當天的喜神方向走，至少走五百步，或是往那個地方去玩，心中要冥想，祈求老天爺賜給我好的姻緣，這樣都比較容易出現，就算當天沒找到，在祈求起一年內，都會有機會出現。

三、桃花位的四個角落內放4朵玫瑰花，每個角落一朵，一星期換一次鮮花，要把玫瑰花刺拔掉，直到好姻緣出現，就不可以再放，否則姻緣會變成爛桃花。

八、如何找出家中的流年財位

每年一到過年前，都會有很多人想知道，今年的財位在哪裡，該如何佈局使我的財務更旺，事業蒸蒸日上，甚至考運如何求。以下有未來十年的九大吉凶方位，但首先要了解，玄空三元之九宮飛星。玄空，從字面上的解釋，是深奧不易理解的天空，事實上也是，即使是現在時事講求科學的年代，還是有一些人難以理解的風水奧妙。

玄空飛星，又稱紫白飛星，或九宮飛泊，它的原理是以宅基座山入中宮順飛，因此去年的流年文昌位，今年可能變成了病符位，去年的流年桃花位，也有可能是今年的財位，如果想知道每年如何佈局，就得知道不同方位與九星的吉凶。

九星所屬如下：

一、一白坎：屬水，管壬子癸三位，位北方，也代表中男。

一白為桃花位，如果是經營事業的人，在人際關係上可以利用它來加強；招好姻緣的朋友，或是使自己的人緣更好，可以加強此方位的能量。它也代表包容與柔順，且必須盡心盡力才能達到，如果情感上處理得不好，已婚者容易有外遇的機會，未婚者，也容易因第三者而出現感情危機。

好的影響：出現文人、醫學士、心胸寬大的人。

不好的影響：桃花不斷，外遇，腎臟病，耳聾，膀胱不好，不孕症，月經不順，有盜賊，愛喝酒的人士。

二、二黑坤：屬土，管未坤申三位，位西南方，也代表母親。

二黑是一個病符星，也是一個勞動的方位，多勞才會有斬獲，也必須隨著環境的轉變而改變自己的方式與策略，通常也只能宜退保安，但如果不積極面對，是沒

有任何斬獲的，此方位不建議大幅度的變動，如果家中有人生病，或是經常性的感冒，也可以在此方位佈局。

好的影響：有祖德的庇蔭，出富貴之人，有田宅。

不好的影響：車禍，意外，腫瘤，腸胃不適，單親家庭，牢獄之災。

三、三碧震：屬木，管甲卯乙三位，在東方，也代表長男。

三碧「是非星」，是非也代表口角，人與人相處的情形，容易跟別人起衝突，也會有因為受人欺騙而引發的破財，如果想要避免與人產生口角，或是遭小人陷害，或是家中常吵架，那麼建議此方位可化解是非事。

好的影響：工作運升遷快速，白手成家之人。

不好的影響：暴力傾向的人，膽結石，肝病，跌倒受傷骨折，常做噩夢的人。

四、四綠巽：屬木，管辰巳三位，位東南方，也代表長女。

四綠文昌星有助於考運或工作上的升遷，如果佈置得當，除了考運亨通之外，也可以在學業上高人一等，因此，此方位不宜髒亂，可以在此方位放置四枝文昌筆，或紫水晶，或是四顆開運竹也可以，如果正好為廁所，那麼請盡量保持廁所乾淨，通風良好，可以在廁所內放置黃玉石，以避免污穢文昌。

好的影響：出現藝文人士，也容易得功名。

不好的影響：肝膽不好，四肢冰冷，吸毒人士，自殺，乳癌，腳氣病，風濕性疾病。

擺放開運竹開運

五、五黃：屬土，用以調和四方，在中央。

五黃煞方是一個大的煞方，當流年遇到煞方時，並不適合在此方位動土，也不適合施工，如果真的不得已必須施工，除了選擇良辰吉時之外，在此煞方也必須安放銅麒麟來鎮煞，另外它也是一個疾病與災難的位置，要注意心臟、腎功能之不適應，還有飲食衛生、呼吸系統。

不好的影響：食物中毒，體力耗弱，流產，甲狀腺機能亢進，意外，交通事故，通常跟壓力有關的疾病。

六、六白乾：屬金，管戌乾亥三位，位西北方，也代表父親。

六白武曲星，也是驛馬位，特別是想要移民、搬家、出國深造，或是想要轉換工作跑道的人，都可以在此方位好好的佈局。它也代表權力，此方位要懂得新技術、新方式，還有人際關係的影響，如果您是在不錯的職位，更會使您權力增加。

好的影響：出現官職人員，有權力的人。

不好的影響：破財，男丁不旺，頭痛，牙齒痛，肺病，氣喘。

七、七赤兌：屬金，管庚酉辛三位，位西方，也代表少女。

七赤破軍星方，破軍星是一個會令人損財、破財的方位，也是一個容易引發小偷或是牢獄之災的方位，因此此方位不可不防。這種組合不會帶來新的事業，而且會使人在原來的工作或人事關係出現不良的影響，凡事宜多忍讓，慎防小人是非，而損失意外的錢財。

好的影響：出現武人，議員，醫生，老師。

不好的影響：喉嚨痛，是非事，肺病，刀傷，咬傷，訴訟。

八、八白艮：屬土，管丑艮寅三位，位東北方，也代表少男。

八白旺財星，是主旺財的方位，特別是經商者，或是平常財運不穩的人，或是一些領日薪的人，如果想要讓自己的財運更穩，可以在此方位好好佈局，另外貴人也會適時的出現，也會有新的工作機會等著你。

好的影響：有田宅，長壽，富貴。

不好的影響：脊椎不好，神經的病變，鼻子不好，過敏性鼻炎，手指不好。

九、九紫離：屬火，管丙午丁三位，位南方，也代表中女。

九紫是一個喜慶位，各種喜慶，尤其是想要嫁娶或生兒育女，都可以用它來催旺，或是原本平淡無奇的經營，會因為外在環境的改變，而提升新的商機，尤其是要開發新事物，可以擴大，如果沒有也沒有關係，可以使家庭的氣氛更加融洽，在此方位盡量佈置。

好的影響：發財，長壽，富貴。

不好的影響：心臟病，不孕，小腸不好，女性生產要注意。

另外何謂三煞方與太歲方，說明如下：

三煞通常指的是**劫煞**，也就是災難的意思，風水上也提到，「三煞可向不可座」，三煞就是相對相剋者，例如：水剋火，寅午戌對亥子丑，視為相互迎戰，必然不利，如果房屋座向為三煞方，除了不建議動土之外，也不宜安神，凡流年三煞之方，均屬不吉。

太歲：風水上也說，在太歲頭上動土，無福可有禍，犯沖太歲方位，也必須小心。

以下是未來六年的九宮飛星吉凶示意圖，供大家做參考：

戊子年的九宮飛星圖（民國97年）

東南 9 九紫喜慶星	三煞 正南 5 五黃煞方	西南 7 七赤破軍星
正東 8 八白旺財星	中宮 1 一白桃花星	正西 3 三碧是非星
東北 4 四綠文昌星	太歲 正北 6 六白武曲星	西北 2 二黑病星

戊子年九大吉凶方位擺放物品示意圖

東南 盆栽 紅色燈	正南 銅麒麟 葫蘆	西南 黑曜岩 桃木劍
正東 聚寶盆 魚缸	中宮 八朵玫瑰花 粉水晶	正西 九朵玫瑰 紅色燈
東北 4隻文昌筆 4枝開運竹	正北 銅馬 黃色琉璃獅咬劍	西北 銅麒麟 葫蘆

己丑年九宮飛星圖（民國98年）

東南 8 八白旺財星	正南 4 四綠文昌星	西南 6 六白武曲星
三煞正東 7 七赤破軍星	中宮 9 九紫喜慶星	正西 2 二黑病星
太歲東北 3 三碧是非星	正北 5 五黃煞星	西北 1 一白桃花星

己丑年九大吉凶方位擺放物品示意圖

東南 聚寶盆 金元寶	正南 4隻文昌筆 4枝開運竹	西南 銅馬 黃色琉璃獅咬劍
正東 黑曜岩 桃木劍	中宮 紅色燈具	正西 銅麒麟 葫蘆
東北 九朵玫瑰 紅色燈	正北 銅麒麟 葫蘆	西北 八朵玫瑰花 粉水晶

庚寅年九宮飛星圖（民國99年）

東南 7 七赤破軍星	正南 3 三碧是非星	西南 5 五黃煞星
正東 6 六白武曲星	中宮 8 八白旺財星	正西 1 一白桃花星
太歲東北 2 二黑病星	三煞正北 4 四綠文昌星	西北 9 九紫喜慶星

庚寅年九大吉凶方位擺設示意圖

東南 黑曜岩 桃木劍	正南 九朵玫瑰 紅色燈	西南 銅麒麟 葫蘆
正東 銅馬 黃色琉璃獅咬劍	中宮 聚寶盆 金元寶	正西 八朵玫瑰 粉水晶
東北 銅麒麟 葫蘆	正北 4隻文昌筆 4枝開運竹	西北 闊葉植物

辛卯年九宮飛星圖（民國100年）

東南 6 六白武曲星	正南 2 二黑病星	西南 4 四綠文昌星
太歲正東 5 五黃煞星	中宮 7 七赤破軍星	三煞正西 9 九紫喜慶星
東北 1 一白桃花星	正北 3 三碧是非星	西北 8 八白旺財星

辛卯年九大吉凶方位擺設示意圖

東南 銅馬 黃色琉璃	正南 銅麒麟 葫蘆	西南 4隻文昌筆 4枝開運竹
正東 銅麒麟 葫蘆	中宮 黑曜岩 桃木劍	正西 闊葉植物 紅色燈
東北 八朵玫瑰花 粉水晶	正北 九朵玫瑰 紅色燈	西北 聚寶盆 金元寶

壬辰年九宮飛星圖（民國101年）

太歲東南 5 五黃煞星	三煞正南 1 一白桃花星	西南 3 三碧是非星
正東 4 四綠文昌星	中宮 6 六白武曲星	正西 8 八白旺財星
東北 9 九紫喜慶星	正北 2 二黑病星	西北 7 七赤破軍星

壬辰年九大吉凶方位擺設示意圖

東南 銅麒麟 葫蘆	正南 八朵玫瑰花 粉水晶	西南 九朵玫瑰 紅色燈
正東 4隻文昌筆 4枝開運竹	中宮 銅馬 黃色琉璃獅	正西 聚寶盆
東北 闊葉植物 紅色燈	正北 銅麒麟 葫蘆	西北 黑曜岩 桃木劍

癸巳年九宮飛星圖（民國102年）

太歲東南 4 四綠文昌星	正南 9 九紫喜慶星	西南 2 二黑病星
三煞正東 3 三碧是非星	中宮 5 五黃煞星	正西 7 七赤破軍星
東北 8 八白旺財星	正北 1 一白桃花星	西北 6 六白武曲星

癸巳年九大吉凶方位擺設示意圖

東南 4隻文昌筆 4枝開運竹	正南 盆栽 紅色燈	西南 銅麒麟 葫蘆
正東 九朵玫瑰 紅色燈	中宮 銅麒麟 葫蘆	正西 黑曜岩 桃木劍
東北 聚寶盆 金元寶	正北 八朵玫瑰花 粉水晶	西北 銅馬 黃色琉璃獅

九、風水實錄：病痛不斷的房屋，風水如何看

這間房子的女主人李太太，不知暗中掉過多少淚水，只因為女兒得了一種罕見疾病，肌肉不斷萎縮無力，全身沒有任何支撐點，就像沒了骨頭，凡事都需要別人的幫忙，這種疾病，沒有任何的藥物可以治療，只能隨著時間看著她接受病痛的折磨，而李太太長年必須洗腎，李先生的心臟也經常感到無力，從風水上，我們可以幫她什麼？她又可以改善什麼？我們就來看以下的問題：

一、家中光線不足：家道中落

李太太家位於一樓，是一個狹長型的房屋，因為孩子越來越大，房間不夠睡，她將前面的院子、後面的防火巷，全部都加蓋起來，房間就變多了，卻破壞了三種

風水。首先，一樓陽光本來就比較弱，如果前後都加蓋，陽光進不來室內，會有一種分不清白天與黑夜的感覺，永遠睡不飽，陽宅風水當中，房屋首重陽光與藏風納氣，陽光進不來，醫生就跟著來，這個問題通常會隱藏在一樓的房子當中，會使人有無力感、比較容易累，也會讓人提不起勁，而諸事不順的風水煞氣。

科學的角度：陽光本身就有殺菌的功能，房屋本身沒有接受到陽光的照射，容易有穢氣、細菌在屋內，也容易濕氣重，房屋通風循環不好，自然容易生病，如果天氣不好陰雨連綿，那房屋的濕氣重，就會覺得懶洋洋。

★化解方法：

1．保持通風及除溼，用一對麒麟化解。

2．八卦陣鎮宅法：針對地氣比較濕，家人當中有病痛或無力感時可以適用，準備下列物品（但不可面對神明）：八卦陣圖、8個古錢、手結蓮花手印。

3．唸六字大明咒，消除四百零四種疾病：嗡字，能消除四大共同引發之疾病；嘛字，能消除熱病；呢字，能消除風病；叭字，能消除涎病；美字，能消除寒病；吽字，能消除膽病；如是能遣除一切疾病。

每天唸49遍，唸完之後放在客廳明財位上，連續49天。

二、前院後院都蓋滿

前陽台在風水學視為明堂，明堂要寬廣開闊，家中男女主人的財運會源源不絕，如果整個蓋滿或外推，工作運會大不如從前，後陽台在風水學上也代表子孫的發展，後陽台蓋滿或外推，子女除了在學業與事業上容易受阻之外，也不喜歡住在屋內，常常會往外跑。

生活的角度：房子前面蓋滿或外推，就房屋的結構就是不安全，一樓蓋滿，汽機車排放的廢氣，直接往房子裡飄，心情也會大受影響，後陽台蓋滿或外推會造成防火巷道狹窄，也會造成通風不良遮蔽光線，尤其是靠近後陽台的房間更是不見天日，通常這樣的房間都是小孩房，易造成其個性上懶散。

★化解方法：

必須用36枚的古帝錢，平均貼放在外推的牆面下方。

三、包袱屋：負債的開始

事實上房屋除了一樓不宜前後蓋滿之外，二樓以上也不宜將陽台蓋滿，透天的建築更不可以將屋頂加蓋起來，陽宅學上只要不屬於房屋結構體本身，加蓋的部分，都屬於包袱屋的一種，它是一種與錢財有關的煞氣，剛開始可能會財運比較不穩定，可是到後來卻有入不敷出的情況，嚴重者還會導致負債。

生活的角度：人的身體本來功能就很正常，如果身上長了腫瘤或膿包，可能你就要花錢看醫生了，包袱就像這個大膿包會一直漫延開來，久而久之就比較容易花大錢，或者這樣說好了，一個人如果長期揹負著重重的背包，長期下來一定出問題。

★化解方法：

必須用36枚的古帝錢，平均擺放在加蓋的4個角落。

四、斜樑，歪柱

現在各個區域，都有一些大型的公共建設，好比捷運施工，有時如果施工不慎，我們的房子可能

包袱屋

包袱屋

就遭殃，不是門窗歪斜，就是樑柱傾斜，但上述這家人的房子不太一樣，是從一開始在蓋房子時，房屋的設計就是斜樑，整個房子至少有4～5根以上，一般來說房子如果有地板不平或門框不正、牆有裂痕、大樑扭曲變形或者柱子不正、樑柱歪斜，在陽宅學上都是不宜久住的房子，斜樑斜牆都主怪事發生，通常久住在此的人比較沒有安全感，頭腦思緒也會較不清晰，嚴重的會有頭暈的現象，而造成意外血光不斷，斜與邪同音，也是不吉之意。

歪柱

生活的角度：房子跟人一樣，都會有一定的壽命，樑柱就像人的骨架一樣，如果歪斜，沒有辦法支撐人體，可能搬個小東西都容易跌倒，如果骨架歪斜，地板不平，也代表不健康，樑柱歪斜也代表房子本身施工品質不良，或偷工減料，比較容易會有坍塌的危險。

★化解方法：

葫蘆：葫蘆本身是一種植物，因此天然的法器會比較理想，效果也比較好，不宜使用銅製品。瓶口小瓶身大，上面有蓋子，可以到保身大帝求香灰，放在葫蘆的肚子裡，並且在主爐過香火，回來之後放在樑與天花板的頂點，兩側均得掛。

葫蘆

五、房中腰斬煞

一個房間中間有一根橫樑，正好在房間的中心點，就是所謂的房中腰斬煞，如果這根樑又正好是從外面貫穿到裡面，風水的影響，主要是跟莫名的病痛血光有

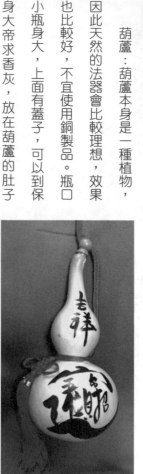

關，而且有可能會發生腫瘤的機率也比較高，屋中的女兒正好就住在這個房間裡，由於事情已經發生很久了，我建議她搬到其他房間睡，這個房間比較適合當書房。

生活的角度：如果房間當作是一個人，中間有一根針直接穿到你的腰部，我想會令人難受得站不起來，更何況是你每天都與這個針在一起，自然吃藥的機會比別人多很多。

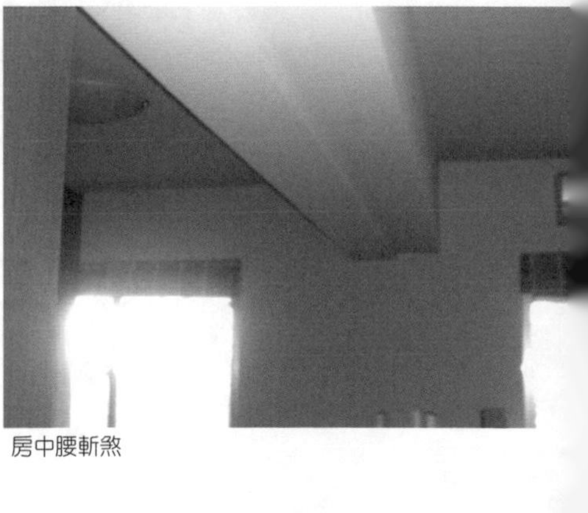

房中腰斬煞

★化解方法：

葫蘆：掛在樑上兩側。

六、瓦斯爐火與洗衣機正對

如果您家的瓦斯爐正好與後門相對，這時可要注意，洗衣機擺放的位置了，爐灶—火，洗衣機—水，通常水火不可以相對，相對影響除了產生意外之外，一些慢性病也容易發生，在陽宅學上形成水火不相容的情況，主心臟血管與泌尿系統的毛病。爐灶也不可對水槽或與水槽相鄰，須相隔至少60公分以上，爐灶也不可正對冰箱。

生活的角度：火在燃燒的時候，水一澆火就熄滅，廚房是煮飯給全家人吃的地方，火是不可以被水澆熄的，一旦熄滅，全家人的健康就容易出問題。

★化解方法：

移開或洗衣機的開口轉向。

水火沖

七、臥房被兩間衛浴包圍：主病痛、腎臟病變

如果一個房間一邊是公共衛浴，另一邊是主臥房的衛浴，那麼這個房間在風水中為病痛房，尤其是在腎臟方面影響最大，陽宅風水，任何濕氣太重，或牆壁被多重管線圍繞，均不理想。

生活的角度：此房屋在一樓，濕氣本來就比一般房屋來的重，房間兩側又是廁所，濕氣更不易排除。

★化解方法：

必須將主臥的廁所改成儲藏室，病痛問題即可化解。

八、臥房燈照在床上

床的上方不宜有主燈，燈照到哪裡，就傷哪裡，民俗上燈光也跟風水有關，燈如果在床頭上方，睡在下面的人，容易頭疼、睡不安穩，如果在胸口，會常胸悶、呼吸不順暢，如果在腹部，要注意婦科與腸胃的疾病，如果在下肢，那麼膝蓋關節處，都是該注意的地方。

★化解方法：

將燈移到床墊的外圍即可。

燈直接照床

九、房間緊鄰廚房，且窗戶一開又在廚房室內

當後陽台一旦外推，而將後陽台變成廚房，可能造成房間變成緊靠廚房，而且對外的窗戶變成對廚房的窗戶，廚房的火性能量強，比較燥熱，而且通風不良，空氣不流通，將對睡眠品質產生干擾，皮膚病變、呼吸道不好，住在裡面的人，脾氣性格差暴燥易怒，而且也不喜歡待在房間裡。

生活的角度：廚房的油煙味因為沒有辦法抽出去，這個油煙味會隨著空氣而直

接進入房間裡面，久了所有的物品都會有一股味道，油煙也容易附著在衣服上面，皮膚狀況自然不好，心情也會變得急躁。

★化解方法：

盡量保持房間通風良好。可以的話可在廚房適當處，擺放盆栽以活化氣場。

十、陰氣侵宅屋

陽者：陽光所帶來的氣；陰者：沒有陽光，變成陽氣衰而陰氣盛；房屋本身要陰陽調和，才能平衡，否則就形成陰氣侵宅屋。主要的影響是家人當中有人會有莫名的病痛，會胡思亂想，有時會覺得家中有影子閃過，有時候會找不到東西，有人會日夜顛倒，嚴重者將可能產生精神方面的疾病。

生活的角度：陽光本身就有殺菌的功能，房屋本身沒有接受到陽光的照射，容易有穢氣、細菌在屋內，也容易濕氣重，房屋通風循環不好，自然容易生病。

★化解方法：

保持通風及除溼，用一對麒麟化解。

十一、主臥房外在有屋脊煞：主腎臟、糖尿病、腎臟功能出問題

這個風水問題常常碰到，可是從來沒有見過這麼直接、這麼嚴重的，會使家中有人出現腎臟病，胰臟代謝不良，還有糖尿病的風水煞氣。

屋脊煞：住宅當中只要出現前後左右被屋脊對到，都會出現病變，因為它出現在母親的房間裡，跟母親是最直接的，但其他住在這裡的人，也要小心，可能家人當中也容易產生腎臟疾病、糖尿病。

生活的角度：一個人長期被尖銳的物品刺在腰

屋脊煞

際上，身體一定不理想。

★化解方法：

將碗內及碗外的底部，貼上10元硬幣大小的紅紙，並將其倒扣在屋脊處的窗台即可。

十二、廚房爐灶與馬桶正對：腸胃病變、家人當中很瘦或很胖的人

接下來我們從風水來看有的人喝水也會胖、有的人卻骨瘦如柴的煞氣。廚房爐灶與馬桶正對，在陽宅風水學上必出腸胃消化吸收不良的人，主要因為爐灶是煮飯的地方，廁所是排洩廢物的地方，吃跟拉在一起，消化循環必然不良。

生活的角度：廚房物品煮食皆為香氣，廁所為臭氣，香氣與臭氣混合，好吃可能吃很多，不想吃則一點胃口也沒有，降低食慾。

廚房對馬桶

★化解方法：

用長布簾掛於廁所門框，長度必須過馬桶，而且是單片開的。

十三、陰陽梯

精神方面的疾病通常不是一種原因所構成，我們要看另一個更可怕的煞氣，將可能造成家中有人可能有強迫症或精神分裂症。例如有些中南部的透天房子，後方加蓋後又蓋了樓梯，這樣原來屋子前方本來就有樓梯，現在房子後方又多了一個樓梯，這樣也會形成陰陽梯。

陰陽梯：通往地下室的樓梯，正常來說應該只有一個，可是我們卻看到地下室有兩個樓梯，可以通往房子的不同空間，一個在左，一個在右，在陽宅風水學上形成陰陽梯，其實一前一後，也會形成陰陽梯。主要的影響是家中比較容易有人跟一般人行為不一樣，比如說：會一直洗手，相同的事情會一直做，好像沒有做完一

樣，嚴重者將造成精神分裂症。

生活的角度：正常任何一個空間，樓梯都只有一個，如果有兩個，有時你會覺得不知道要往哪走，有時你在樓下，會覺得隨時有人會從不同的樓梯出現，一個人長期處於一個不穩定的空間，很容易有偏激的想法。

★化解方法：

拆除一邊的樓梯，並將拆除樓梯這邊的通道或門封住。

◎提升抵抗力，遠離憂慮、躁慮小偏方：

1. 保特瓶三瓶，枸杞、黃耆、當歸、紅棗。用三千CC的水煮開，約煮成兩千五百CC的份量，每天喝，必須持續三個月以上才可。
2. 每星期用粗鹽泡澡一次，加薄荷精油，泡到流汗為止。

十、家中擺設學問大

一、鞋櫃怎麼擺設

每天都在穿的鞋子，到底要放在哪裡，尤其是現在的新房子，通常大門外面的公共空間，為了美觀，是不可以將鞋子及鞋櫃擺在外面的，這時候，鞋子到底要放在門外還是玄關內呢？又該放在哪裡？這裡我們就要告訴您，小小的鞋櫃擺設，會影響主人的屋運。

大門口是「藏風納氣」之地，也有人說，出門或開門要見「貴」，開門見「櫃」，諧音同貴人的貴，就像是見到貴人一樣，如果希望能引貴人進門，帶來好運，選擇一個漂亮的鞋櫃，讓人進門就像看到藝

鞋櫃擺放也需乾淨整齊

術品一樣，心情也會受到很大的影響。

1．常穿的鞋子要擺在下層，鞋櫃在風水上來說，是一種雜亂的「穢氣」，目前一般的住家，因為空間狹小，有些鞋櫃超過屋主身高的三分之二，或是做隱藏式的鞋櫃，甚至頂到天花板，我們均稱為全高櫃，這類的鞋櫃，對風水上來說，是個不理想的設計。

一般來說，如果將鞋櫃等分成3個區域，最下面稱為「地」，中間為「人」，上面則為「天」，最常穿的鞋子，只能擺在「地」，「地」可以髒，中間可以擺放約2個星期穿一次的，那麼越少穿、越乾淨的鞋子，甚至全新的鞋子都建議擺在最上層，如果顛倒，等於是把髒、臭放在頭上，可能會引起家人偏頭痛，或腦神經衰弱的問題。

2．黑色鞋櫃不利風水，顏色也是鞋櫃的一門學問，一般人認為放髒鞋子用黑色最好，看不出來有多髒，但因鞋櫃也代表進門的感受，鞋櫃本身已帶著穢氣，如果櫃子又是一片黑，感覺上更是不舒服，比較建議可以採用明亮的顏色，配合門面的顏色，和五行的金、木、水、火、土配合，更可以幫助屋主運勢順利。

鞋櫃和大門最適合的顏色：

五行	大門	鞋櫃最適合的顏色
金	白色	黃、米黃、黃色
木	綠色	藍色、黑色
水	藍或黑色	白色
火	紅色或棗紅色	綠色
土	土黃或米黃	紅色、棗紅色

3．鞋頭要朝內，鞋子位置要放對，像是女生常穿的「巫婆鞋」，鞋頭尖銳，屬風水上的利角，在收放時，宜將鞋頭朝裡放，否則鞋櫃打開來取用時，尖頭衝向自己，長期下來對健康也不好。

4．鞋櫃忌諱沒有鞋門，鞋子隨意脫在門前，穢氣四散。

5．鞋頭也不宜朝下，有運勢走下坡的趨勢。

二、鏡子擺設學問大

鏡子是裝潢中最常使用的材料，如果配置得當，可以使房屋的空間感加大，視覺上房屋的深度也變得開闊，整體的感覺更明亮，自然心胸也會變得舒坦。如果擺的不適當，除了破壞房屋的美觀之外，在風水學上，是會有很大的影響的。

鏡子在風水學的功能，是一種可以照煞擋煞的法器，如果房屋外面有尖角，或是路沖，都可以使用它，把所面對的煞氣反射回去，避

鏡子、鏡面擺設需注意

免煞氣直衝屋內。既然是一種法器，如果放在室內，就必須謹慎，如果長期照到自己，對自己的身體也會有所損傷。

到底鏡子可以擺哪裡，不可以擺哪裡：

1．鏡子不可以對大門或房間門，鏡子對門，每當一回家，直接照到自己，很容易被自己嚇到，精神容易不穩定，人際關係也不好。

2．鏡子不可以照到床，我們每天在床上的睡眠時間約8小時，鏡子如果長時期照床，除了睡不安穩外，也容易疾病纏身。

3．鏡子不可以照到瓦斯爐，瓦斯爐是財位，如果正對爐灶，財運會越來越差。

鏡子面對床

天花板崁入鏡子

4．房子裡最忌諱天花板崁入鏡子，通常住在裡面的人，精神狀況會變差，夫妻感情比較容易貌合神離。

5．房間四個角落，不宜擺設斜邊鏡子，任何斜鏡都會照到床，生活的角度來看，無論走到哪兒，都會被鏡子照到，也容易受到驚嚇、害怕。

6．餐廳不宜擺設超大鏡子，鏡子在餐廳中通常有增大視覺的效果，但以生活的角度而言，每次吃飯可能會不自覺的照鏡子，吃飯也不可能專心，如果有小朋友，那麼更有可能當成遊戲的工具，自然也容易影響腸胃。

7．客廳也不宜擺超大鏡子，除了住在裡面的人容易吵架、不好溝通外，家庭氣氛也會不好，相對財務也不穩。

8．廁所也不宜擺設大型的鏡子，鏡子在廁所內有催桃花的效果，一旦擺太大，容易有不當的桃花出現，也容易引來第三者。

三、3C產品該如何擺放

電話、手機、電腦、傳真機，新時代的生財器具，它不僅可以擴展人脈，可以增進人際關係，也可以增進自己的財運，但也怕電磁波的干擾，到底要擺在哪裡，才會對風水學上有幫助呢？

1．電話及傳真機建議擺在房屋入門的斜對角線，也就是45度角，在風水學上稱為明財位，明財位擺事務機器，通常生意比較多，或家人的財運會比較安穩。

2．明亮有光線的地方，也可以是東方、太陽升起的地方，只要生財器具擺放靠近向陽方位，成功的機會也比較大。

四、圖畫與時鐘

很多人很喜歡在牆壁上掛畫，尤其是新房子，通常畫具有畫龍點睛的效果，或是過年期間，成為居家的擺設，都是功不可沒的。一幅好的畫，除了令人賞心悅目

之外，在風水的擺飾上，更有它該注意的地方。

1．畫上有葫蘆，葫蘆象徵福祿，可以擺在玄關，沙發後方。

2．畫上有百子圖，放在主臥房，象徵多子多孫多福氣。

3．畫上有花開，象徵花開富貴，可以擺在客廳，象徵熱情，不可以擺在房間，容易有桃花是非。

4．畫上有山水，水必須留向家中，不可以向外，尤其是大門，擺在沙發後方，或書房，象徵有靠山。

畫擺設

5．畫上有船，船必須駛家中，建議擺在書房，象徵有前景。

6．畫上有動物，不宜張大口，凶猛動物均不適合掛在家中牆上。

7．畫上有龍，必須要有水，否則有龍困淺灘之意，或是龍在雲中，喻騰龍駕霧之意，也代表飛黃騰達。

8．有些因為諧音上的關係，像鶴的圖案，不宜放在西方，我們稱為駕鶴西歸，是大禁忌。

9．時鐘也不宜放在西方，也是諧音的問題。

五、冰箱的位置

古時候並沒有冰箱，只有碗櫥，碗櫥會放一些沒有吃完的飯菜，通常是放在廚房的位置，而且必須是別人看不到的，因為它關係到全家人的飲食，古代是農業社

會，必須全家都吃飽，才能有力氣去田裡耕種，所以以前的碗櫥也象徵財庫。現在冰箱取代了碗櫥，所以冰箱的位置是一門學問，但現在的家電強調美觀，很多人都把冰箱放在廚房外面，甚至放在陽台上，這一放，可能失去了錢財，也有可能影響健康，到底冰箱哪裡不能放呢？

1．冰箱門不可以正對大門，一旦正對大門，象徵所有擺在冰箱的食品，一眼就被別人看穿，代表錢財外漏，無法累積財富。

2．冰箱門不可以對房門，基本上冰箱都是擺放一些冰冷的食物，而房間門主要是睡覺的場所，一旦冰箱正對房門，住在房裡的人，很容易腸胃不適，或是很瘦弱，常生病。

3．冰箱門不可以對廁所門，冰箱通常是放食物的位置，廁所是房屋中最污穢的地方，如果兩相對，基本上除了不衛生之外，也容易引發全家人經常拉肚子，或是急性腸胃炎，或是有人很胖，或是有人很瘦，居家不可不防。

4·冰箱門不可以對後門，代表小人很多，主要是門就是一個出入口，一般人只走大門，後門是小偷容易進入的位置，一但對到後門，可能財務一夕間就沒有了。

六、古董物品、石雕、木雕的禁忌

很多人很喜歡收集一些古董，去海邊撿石頭，或是出國旅遊，帶些奇怪的物品回家，可是卻東放西放，缺乏主體性，而且也不會擦拭它，任由它藏污納垢，風水上本來就很忌諱居家擺設當中髒亂不潔，所以不管擺任何的物品，首重乾淨整潔，再來看擺哪兒最好：

1·**石頭**：是歷經千年萬年所風化的結果，具有相對的靈性，風水上認為不宜多放，如果真的喜歡，建議撿回來之後一定要洗乾淨，而且必須透過陽光照射，然後在它的底部上點紅漆，可以避免不潔之物入侵，不然家中的人容易有精神耗弱的

現象，也比較容易有腫瘤的情形發生。

2．木雕：首先原木製品的來源最好能夠了解，一般來說，木雕容易有熱漲冷縮的問題，有些木頭容易龜裂，一旦龜裂不建議收藏，另外原木製品的底座必須有紅色絨布，或是紅紙當底墊，也可以預防精神耗弱的問題。

七、收藏品與開運吉祥物要擺哪兒好

命理是一種玄學，有些擺設，除了諧音上的考量，也有一些客廳特殊的擺設可以加強招財鎮宅的功能，擺得不好，無法招財，還會帶來不好的影響。

1．馬：擺在家中的馬，材質上有分銅馬或瓷馬，不論何種材質，馬在風水上皆視為財，因此馬頭要朝外，除了有馬到成功之意，也象徵出外求財，如果朝內，馬蹄恐將損毀家具，家中較不易祥和。

銅馬

2．石獅：石獅因諧音上又為太師、少師，古代官制太師為三公之首，少師為三孤之首，象徵步步高昇、財源滾滾，自唐朝以來員外住的豪宅，通常會在門口擺放大型的石獅，民俗上認為，獅子是百獸之王，比虎豹都要來得凶猛，因此它具有趨吉避凶的效力，擺在門外，可以擋住妖魔鬼怪，牠又是瑞獸之一，可以帶來祥和，除了功能是鎮宅招財，也代表權威氣勢，但是現在我們住的房子，並不好擺放，因為獅子一定要成雙，不可以單放一隻，所以並不建議在家中買石獅來擺，如果擺設不當，居家成員當中，有人會顯得非常固執，人際關係亦會大受影響。

石獅

3．麒麟：在古代與龍、鳳、龜、虎、並稱為五靈獸，公的稱為麒，母的稱為麟，在擺設上，左邊擺公的，右邊擺母的。現在大型的公共場所門口也會擺放大型的麒麟，麒麟與石獅的功能相同，卻不會那麼凶猛，民俗上也認為，麒麟是神獸，牠守禮守信，是吉祥降臨的先兆，用牠招財鎮宅，更有保護主人的功能，因此牠除了可以當制煞物的法器之外，也可以放在家中，不過比較建議擺放在家中陽台向陽的地方。

4·公雞：中國人相信，萬物皆有靈，在風水的角度，有形就有煞，有煞皆得化，公雞可以咬蜈蚣、吃小蟲，如果居家附近有大型鐵塔，或是電線桿上電線穿越陽台，或是小孩經常腸胃不適，肚子有寄生蟲，都可以放一隻銅雞來化解，雞頭可不要放在室內，而且只能擺一隻，由於公雞好鬥，如果2隻或3隻，它就無法化煞了。

麒麟

銅雞

5．貔貅：它的外型像虎又像豹，他身上無麟、腳上無毛、凸眼獠牙，適合招偏財。貔貅也有公母之分，公的貔貅代表財運，而母的貔貅則代表財庫，民俗上也必須擺放一對，因為有財還必須利用庫才能守得住，當事業運發展受到阻礙，也可以利用貔貅來發展。

6。寶劍或利刀：有些人喜歡收集，也有些是朋友送的，針對這些尖銳的飾品，必須用紅布綁上緞帶，並且用壓克力框好，底座必須是紅色絨布。

貔貅

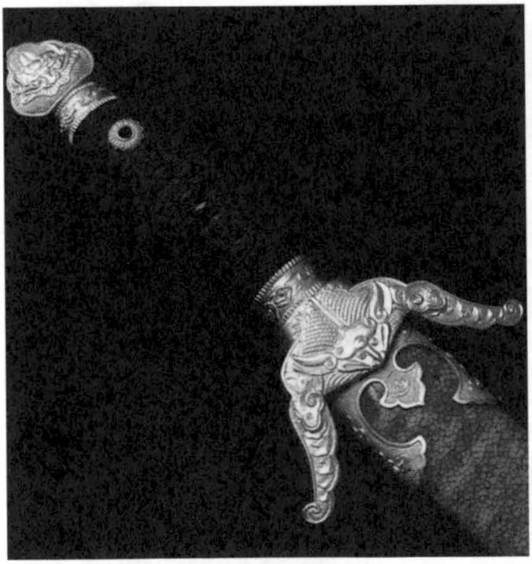

寶劍

八、花花草草怎麼擺

宇宙萬物皆有陰陽，動物為陽，植物為陰，但開花的植物也屬於陰中帶陽，而植物當中也有陰陽之分，像蕨類植物就屬陰，並不適合種在陽宅，風水當中，以闊葉圓葉的植物最好，因為陽宅也必須適時的補充陽氣。

很多人喜歡運用植物來開運招財，也喜歡種植花草，那麼就不可不注意了，尤其是過年，通常都會買花應景，因花與發同音，也象徵好彩頭，現在我們就來談一談花草與風水的關係。

1．**求功名：**桂花，求尊貴；玉蘭花，形狀似毛筆，又稱御筆文昌花；雞冠花與菊花也代表登科中舉之意，孔子最喜歡黃蓮木。

2．**求夫榮：**芙蓉花就是指丈夫榮華富貴，適合擺在書房。

3．**有香氣的花，可以招來財神，**可以擺在玄關，或明財位。

4．門口玄關代表朱雀方，**擺些紅色花卉可以提升人緣**。

5．**牡丹花**：可以增進夫妻感情，適合擺在主臥房。

6．**觀賞鳳梨**：有旺來之意，可以擺在明財位，或玄關櫃上。

7．**金桔**：黃金滿滿，大吉大利，過年不可缺少的植物。

8．**水仙**：貴人相助，入門左手邊。

9．**開運竹**：事業步步高升，書桌上可擺設。

10．**發財樹**：一見發財，擺在陽台外。

11．**銀柳**：有銀有樓。

12．**百合**：百年好合。

水仙

開運竹

13．**石榴**：多子多孫。

14．**栗豆樹（綠元寶）**：家中有元寶。

15．**繡球花**：團圓美滿。

不宜擺放的植物如下：

1．**爬藤類植物**：例如黃金葛，不宜多種，多者主官司、口舌不斷，如果居家已有擺放，建議必須將枝葉修剪。

2．**杜鵑花**：為公共空間植物，不宜種在陽台或室內，因有杜鵑泣血旨含義。

3．**玉蘭花**：不宜種在院子裡，玉蘭有遇難之諧音，想要求子或懷孕者，更不可以種植。

4．**蕨類植物**：因濕氣比較重，不宜多種，將影響人際關係。

繡球花

5．有刺的植物：例如仙人掌，除了人際關係受影響之外，也容易長骨刺。

6．桑樹：桑與喪同音，不宜擺在室內。

最後，要提醒您，任何有生命的植物，要保持它的生命力，如果疏於照顧而枯黃凋落，對於家中的運勢反而有不良的影響，相對的，如果種植在家中的植物常常枯萎，也代表家中的空氣或是光線等等出了問題，必須趕快換掉，也討個吉利。

植物生長，通風、光線是很重要的

十一、搬家該注意的事項

當我們一開始下訂買了房子，新房子的氣場就開始伴隨著我們，如何搬家，書櫃、衣櫃、床組，如何依風水做正確的擺設，要一開始就先計畫好。搬家是一件喜事，也是一生努力所換得的結果，對將來全家的事業、學業都會有幫助。

一、搬家該注意事項

1．無論是新房或舊房都必須打掃乾淨，如果有符咒的問題，也要一併拿下來

處理，通常最適合火化的時間是下午的3點到5點。

2．家中若有神明或祖先牌位，必須先上香告知，要搬入新家的地址，並用新的紅紙包住，祖先用謝籃裝好，時間必須在中午以前完成。

3．孕婦最好不要參與搬家事務，除非必要，並不建議孕婦搬家，主要原因是避免勞累過度，或搬提重物而影響胎兒，因為搬家免不了敲敲打打，民俗上也擔心冒犯胎神，而導致流產。

4．新房子可以先淨宅，一般來說，可以選擇搬家的前三天開始做起，準備家中的鹽米各半碗，到鄰近的大廟主爐過香火，稟報神明新家的住址與居住成員，祈求全家平安，財運事業皆順利。到新家之後，將鹽米放在碗中，並將窗戶與門皆打開，在新宅內由內往外在房屋的四周灑淨，同時口中默唸：鹽山米山請帶走。半小時之後，將鹽米掃乾淨並丟棄即可，時間最好是在上午11點到下午1點進行，如果無法在搬家前淨宅，也可以利用搬家後連續7日，在家中點檀香以達到淨宅功能。

5．民俗上入宅的做法

準備物品：

a．裝八分滿的米桶，上面用紅紙貼滿

b．新的掃把、畚箕一對，上面貼紅紙

c．水壺需要會發聲的笛音壺

d．全新的碗筷六雙

e．新的電磁爐或小瓦斯爐

f．12枚新的五十元硬幣

準備好之後，於搬家日當天先搬進廚房即可，其他物品再依序搬入。

另外，新的小瓦斯爐放在房屋的中心點，上方擺裝水的笛音壺，笛音壺內擺12枚五十元硬幣，點燃瓦斯爐，直到笛音壺聲音響起，關小火，持續15分鐘，待水涼，將12枚硬幣分別放在家中廚櫃或抽屜，象徵鎮宅母錢。

6．如果沒有宗教信仰，這樣的入宅方式就可以了。

7．如果有神明，則必須祭拜神明與祖先，通常需準備三牲、四果供奉神明，祖先則準備12菜碗即可。

8．搬家當日下午，要祭拜地基主，地基主到底怎麼拜，也經常有人問我，其實地基主就是房屋的原地主，也叫做開基主，或宅神，也有人視為陰神（鬼靈），但並不一樣，如果是陰神，那麼每個房子都變成陰宅。拜地基主通常是在初一、十五或初二十六，安神或搬新家、尾牙、除夕都會拜地基主，時間是下午2點到5點，由於祂沒有神像也沒有牌位，放在廚房向屋前祭拜即可。

因為各地說法不同，在此我們也簡易說明一下，在早期閩南的漢移民他們將地基主視為祖先，主要是因為平埔族與漢族通婚，平埔族為了保有母系祭祖的傳統，就在廚房擺上小供桌來祭拜，但也有人將地基主視為正神，會在前門大門入口的三尺處，香爐朝內拜，因為所有神明直接從大門進入，地基主就要在此處迎接。也有人在廚房向外拜，很多種說法，也都沒有錯，最重要的是誠心正念。

準備物品：

a．供品：雞腿便當飯菜、茶、湯，筷碗一雙

b．福金卦金：香3炷

c．廚房向前拜

d．時間：下午2至5點皆可

e．疏文：弟子×××今日良辰吉時備供品，供請陽宅××××地基神明，上座享用，並祈求地基主保佑闔家平安。

9．搬家當日可以請朋友到家中，新房需要一點熱鬧的人氣，同時也有旺宅的效果。

10．當天晚上，燈火通明，也可以使宅氣更旺。

十二、三十四條神桌擺放的禁忌

神明廳的擺設學問大

一般過年期間或是遇到問題的時候，我們都會到大型的廟宇祭拜，也有很多人在家裡也供奉神明和祖先牌位，除了祈求心靈的祥和與平安之外，慎終追遠也是中國人傳統的美德。

神明如果安置得好，可以使居家的風水磁場增加，家庭的成員也會更健康，家運更旺，如果安置不好，除了風水磁場減弱之外，有時候，家人的健康運、事業運都會受到阻礙，因此擺設神位該注意什麼，以下就是我們要討論的課題。

神桌

1．神明的材質建議是木製品，也象徵生生不息之意，比較不理想的是供奉銅器、瓷器，或是玉器。

2．神明廳最好擺在客廳，尤其是向陽處，也就是必須看得到外面，基本上神明是屬於無象界的空間，一向來無影去無蹤，光線通風良好，是非常重要的，倘若神明看不出去，又在陰暗處，基本上全家的工作運比較容易受到影響。

3．如果是別墅或透天的洋房，建議安置在頂樓，讓神明可以看得更高更遠，也象徵我們的前途更為光明，不過只限在房屋的主結構，如果是頂樓加蓋的鐵皮屋，要注意下雨時可能的雨水聲，或是夏天時的熱氣、冬天時的寒冷，必須裝潢得像屋內的感覺一樣，完全感覺不出來是加蓋，才可以擺放。

神明為瓷器較不理想

4．如果您的房子是屬於挑高樓中樓，樓上沒有空間可以擺放，那麼神明廳可以擺在客廳挑高的位置，其他位置並不合適。

5．神明廳的前面，也代表明堂，明堂不宜太窄太逼近，也不宜放雜物，一般來說至少都要2公尺以上比較好，也代表將來子孫的發展有遠景，太逼近，事業運除了受到阻礙之外，感覺上也像要神明面壁思過的意味，明堂前面更不可以曬衣服，這是對神明不尊敬的。

神明廳前明堂太窄

6．神明或祖先位置的前面，不可以被屋角、水塔、壁刀、鏡子、電視、大樹、電線桿、路沖，或反弓路面對到，也盡量不宜擺在入門的位置，或直接是沖大門口，通常如果安置神明的位置前面看得遠、沒有沖煞物，則會帶來好的家運。

7．神明廳的地面，不可以低於陽台地面的位置，會影響財運。

8．供奉神明後方的那一道牆，必須是實牆，也代表有靠山的意思，但現在的大樓，有的採用矽酸蓋板當隔間牆，那麼安置神明的那一道牆，則必須加厚，使得穩固。

9．神明桌的位置，也必須注意擺放，通常必須用文公尺，量一下在牆角與神桌的左右兩側，都必須是紅色吉字，能夠符合文公尺上的「財」、「本」、「義」最好，如果因為距離空間不夠，至少右邊一定要有吉字，因為神明廳的左邊是青龍邊，右邊為白虎邊，右邊不吉，為逼虎傷人主血光。

10．神桌的位置絕對不可以與房屋座向相反，一般安神都選擇跟房屋座向相同，或者是左邊、右邊，必須配合房屋內在與外在的考量，以及流年煞方，才可以安置，如果反向，則財運節節敗退，也容易遭是非口舌。

11．如果同時安放神明及祖先牌位，則神明必須安置在左邊，祖先必須安置在右邊，因神明為陽，祖先為陰，絕不可以顛倒安置，否則易容易產生陰陽反背、陰盛陽衰，也就是家中女人將比男人更強勢。

12．神明必須為單數，必須是一尊、三尊，不可為雙數，神明為陽，不可以擺雙數，否則容易遭陰，而且也不適合供奉太多的神像，尤其是居住的人少時，更不宜多擺，使人產生精神上的困擾。

13．神明桌必須緊靠實牆，象徵有靠山的意味，如果沒有靠實牆，容易產生突發措手

多尊神明

祖先牌位無留空間

不及的情形。而神明必須緊靠神龕，也代表靠山，祖先牌位與神龕之間必須留一指半到二指的空間，代表子女有後續的發展。

14．從神明桌的左右兩邊來看，神明香爐必須在前，祖先香爐必須比神明爐要後退，代表長幼有序。神明香爐不可以有把手，香爐最適宜的材質為銅製品，陶瓷也可以使用，祖先的香爐有把手，俗稱耳朵，代表子女可以聽從長輩的話，一般香爐都有符合文公尺上的紅字，尤其是「益」、「利」、「添丁」更好。

15．祖先牌位不可以高過神明，神明的香爐高度，不可以高過神像肚臍，神像的腳也不可以踩爐。

神明及祖先爐位置不對

16．擺設在神桌的花瓶，不可以是空花瓶，不可以放假花，必須擺放鮮花，如果沒有鮮花，請將花瓶收起來，擺放空花瓶，則易損財運。

17．燭台不宜有尖銳的角，也就是盡量插上蠟燭，如果僅初一、十五點蠟燭，其餘時間燭台也可以收起來。

18．神明或祖先牌位的後方，不可以被神龕的木框對到，也就是不能靠木框，如果被對到，那麼家中有人脊椎不好，腰也很容易痠痛。

祖先牌位被佛龕切到

19．請特別注意檢查一下神明，不可以有裂痕，不可以掉漆，這樣容易引來邪靈入侵，通常可以在除夕期間做此檢查。

20．祖先牌位前方的玻璃框，不可以模糊不清，而裡面的字數，必須左右各6個字、中間12個字，是最理想的，一般來說，左邊為〇〇年〇月立，右邊為陽上子孫奉祀，中間12個字現在已規格化。

21．神明兩側要擺燈，祖先兩側也要擺燈，如果空間無法擺設，至少要有一對，代表光明的意思。

22．神桌後面不可是窗戶，象徵沒有靠山，有一些朋友為了安置神明，神明的後方是一面窗，而且僅用木板封住，一樣是不可以的，必須將窗戶拆除，用磚塊砌成牆面，才可以安神。

23．神桌後面不可是廁所，也不可以有任何的水管在牆面上，或是正前方看得到廁所，

神桌後面是窗戶

左右兩側是廁所門，都不適合，通常比較容易有血液循環的病變、高血壓、中風的困擾。

24．神桌後面不可是爐灶，神明更不可以直接或側邊對廚房門，否則家人脾氣不好，身體也不好。

25．神桌後面不可睡12歲以下的年輕人或65歲以上的老人，長期睡下來，未婚者沒有婚姻，也容易做噩夢，精神狀況不好，更不可以是夫妻房，以表示尊敬神明之意，倘若夫妻房，比較容易不孕，神桌的位置，也不可以直接對到任何一個房間門，如果不小心對到，一定要加布簾或屏風擋住。

26．神桌上方不可有直樑或橫樑壓住，有很多人以為只要將天花板封住，就算有樑也沒有關係，其實那是不正確的，神桌上方只要有

神桌壓樑

樑，居住在此的人容易有頭痛的困擾，必須將神桌擺在不壓樑的地方。

27．神桌上方不可以放冷氣，冷氣也不可以設在神桌的對面。

28．神桌不可以安置在樓梯下方，或樓梯後方，或電梯後方，容易產生意外。

29．神明前面的燈要用圓型日光燈，如果採用長型日光燈則不宜直沖神像。

30．如供奉雙姓祖先，主姓在左，副姓在右，中間可用隔板或紅線隔開，供品最好可以分開。

31．神桌周圍底下不可雜亂，不可以放藥品。

32．神桌的左邊可以擺水，飲水機也可以，因為龍邊管水，但不宜擺垃圾桶，龍邊怕臭，虎邊怕吵，因此右邊不可以擺放電氣用品，神桌右邊也不宜擺高櫃。

33．正常初一、十五可以擦拭神桌，如果是一年一次的大掃除，可以利用農曆的12月24日清黜，或是除夕當天早上整理。

34．如何整理神桌，清黜送神日又該如何處理，現在就簡單描述如下：

送神完後就可以清理神明桌上的物品了，也有人會在除夕當天早上7至8點鐘整理。首先，準備一張小桌子，也可以利用供桌，上面鋪上紅紙，先將佛桌上的供杯、燭台、花瓶，放在準備的小桌子上，再將香爐拿下來，如果擔心無法正確歸位，可以在原來的位置用筆畫下相對位置，然後再將香爐拿下，最後將神明與祖先牌位請下來，先置於供桌上，就可以開始清理了。

準備物品：

清潔的抹布，清水，玻璃清潔劑，羊毛刷，紅紙一張，新香灰一包，篩子一個等。

清爐時，首先用手向神明、祖先拜拜，口唸：「神明在上，弟子某某給你請

安，今天是過年除夕（或清黈日），弟子要清爐，請神明在旁（祖先在旁）等一下，等弟子清好後，您再坐回座。」說畢即用手捧起神明香爐，口唸：「請起」，將香爐請下放於拜桌上，再依續請起金身、祖先爐、祖先牌位等，再將桌上的燈具等等全部請下，如同神桌上的位置擺放於小桌上。

a．清理神明爐與祖先爐：

首先清爐，因爐灰會到處飛，所以要先清，將紅紙舖在桌上（紅色向上），將篩子放在紅紙上，將神明爐內香灰掏出。香爐可以拿下來清理，但不可以「倒爐」，「倒爐」是非常不敬的動作，也是不吉祥的。清理香爐必須準備新的湯匙，並在湯匙柄上綁紅色緞帶，然後輕輕的將爐內的香灰舀起，並用篩子過濾雜物與硬塊，將多餘的香枝取出，整理一下，俗話說「插香鬆，賺錢嘛輕鬆」，再將空神明爐以抹布沾水擦拭，將清潔的爐放正，將爐內寶物擺好。

b．神明爐可以「壓寶」：

準備12枚硬幣，在神明爐內面最底下放置12枚硬幣，請一個放正面，一個放背面，繞成一個圓，12所代表的為12個月、12生肖、還有四面八方財氣，不過每一種老師壓的寶物可能不同，您也可以按照原來的擺法，再擺一次。如果神明有穿外衣，也可以在此時換衣，但祖先爐不可以壓寶。這時將篩過的香灰過火入爐，裝到至八分滿，如不夠沒有關係，再將新的香灰篩過後，過火入爐，平鋪於舊的香灰上至九分滿即完成。再依此模式將祖先爐也清爐擦淨，多的舊香灰及篩出的殘渣，則丟棄不要。

c．清理神明桌、神明、神龕、神像、祖先牌位：

請準備乾淨未使用的抹布2條，擦拭神明桌及神龕。但若遇到開光的神龕則必須小心，僅能用乾的抹布輕擦，避免將開光的紅硃砂擦掉，如果使用清潔劑，均勻噴在佛聯表面上，讓油垢融化流下，不能讓水流入像框內，要迅速擦拭，否則佛聯下方會因擦拭時積水而發霉變色。玻璃同外框一起擦拭，最後用清水抹布擰乾後，擦拭全部。

d．準備小掃把，清理神桌及神明爐或祖先爐：

平常在無法搬動香爐時，此小掃把可以當成清理神桌專用，做為清潔神桌的好工具。

e、用毛筆或蜜粉刷（需質地高）清理神像：

神像因長年接受香灰的薰陶，多多少少皆會有一點點黑垢，不小心處理的話，很容易將神像的表面刷傷，因此必須採用質地細緻的工具，並小心謹慎輕輕擦拭，請注意，我們只是要將灰塵清理好，就可以了！用羊毛刷將金身全身的灰塵清出，有需要水擦的部分，特別要注意，抹布沾水後要擰乾才可以擦拭，檢查金身上下看是否有嚴重裂痕，如有嚴重損傷，應準備重換金身；再依此模式，將祖先牌位也清潔乾淨。

f．祖先牌位前的框，也必須擦乾淨

g．最後再將神明、祖先牌位、香爐等依序排列組合完成後歸位，就完成了：

請神上桌時，必須先點香，用手向神明拜拜，口唸：「請神上神桌」，請起，手捧神明過火放到神桌上，繞三圈，再依次請神明爐、祖先爐歸位。

備註：

1．農曆12月24日為送神日，送神儀式如下：

時間：早上7至8時

準備物品：三牲，水果3～5種，甜湯圓一碗，甜粿，糖果，紅棗，茶

金紙：三色金（壽金、卦金、土地公金），甲馬，鞭炮

準備好之後放在供桌上拜拜即可。如果神明桌上有安太歲，也要將它取下，如果有安灶神，要多準備一份供品，並拿到廚房拜拜。

2．年終大掃除：

如果您覺得這一整年皆諸事不順、運途坎坷，在整個家裡打掃完之後，將大門

打開，用「鹽米」或檀香，在整個屋內再一次做淨化的動作，也就是所謂的換氣法，將房子的宅氣，重新再一次提升。

3．送走小人：

送完神之後，可以剪一個紙人，不可以讓家人知道，也不可以讓別人知道，將紙人與松柏枝放在紅包袋內，帶在身上，除夕當日加金紙焚化，並跨越它，如果是男生，請用左腳跨過，女生則用右腳跨越，可以將小人趕走，也可免小人口舌。如果有過期的藥也可以一起丟下一起焚燒，可以趕走病魔。

拜神祭祖需慎重

十三、神桌與風水實錄

風水的擺設目的，在於祈福消災，但對於影響我們吉凶禍福的神明擺設，一般卻沒有仔細研究如何擺放，有什麼該注意的，或是有什麼禁忌，在上一章節，我們已經討論過上述部份，現在有些案例，供我們研究。

案例一

這是一個開光失敗的案例，正常神像的開光，不外乎額頭，或是兩眼的位置，我們卻看到一尊全身上下都點上紅硃砂，感覺上這尊金身體無完膚。頭上有多處開光的痕跡，整個臉上就像個大花臉，感覺像是在哭泣，身上也有

開光失敗的神像

多處開光的痕跡，感覺像是身上被多種重物擊到，全身在流血，不僅違背了觀音應有的莊嚴，也代表祭拜者的本身，有如遭受到多次的打擊而無力反抗。

主要的影響：家人當中比較容易出現莫名的害怕、驚嚇，遇到問題容易退縮，也代表運勢坎坷。

生活的角度：如果你的臉本來是光鮮亮麗，現在全臉、全身長了痲子、青春痘，你會不會不好意思見人，甚至不敢出門，總希望等好了之後再來處理。

★化解方法：

正常開光儀式有很多種，有的是請天上神明來入座，或者是從廟裡神明的分身來入座，其實都可以，因為每一個老師不同，可能做法會有些不同，並非我們現在看到的，那是不對的，只是神像的材質有很多種，白玉觀光來說，有可能因為硃砂沒有乾而造成這種情形，以目前來看比較建議找原來的老師再重新處理比較恰當，如果找不到，再由專業老師處理，開光時可以先與老師做好溝通後再進行。

案例二

當時的神像應該有開光過、有人祭拜，只要有人開光的神明如果長期沒有拜，它的神明的靈性會慢慢減低；如果它的手在當時就斷裂，就要注意家人可能有末稍循環不良的情形；如果再加上神像的臉上是非常不開心的，也代表全家人當中比較容易有爭執的情形發生；而如果呈現發白或發青或龜裂，可能神像已退神，那麼這時候已不是身體或脾氣上的問題了，有可能會有其他不好的外靈入侵。

主要的影響：神明，生氣，手指，不做正神，怪事發生，家人當中比較容易有末稍循環不良，或者脾氣易怒，或者容易有做夢的情形發生。

生活的角度：神明是我們每天祭拜的，我們是藉由香與神明做溝通，香就好像人的食物一樣；如果你每天祭拜祂，煙薰後應該是光亮

的，這尊神明沒有任何光彩，就好像沒有吃食物一樣，久了牠也不會住進來。神像的形體如同神明的房子，沒有食物的房子正神不會住進，久了很容易引來沒有房子住的邪靈，就像沒有住人的房子一樣的道理。

★化解方法：

正常方法：用紅紙包起來收好，再請專業人士處理。

案例三

1．神桌的右手邊放電氣用品：主血光。從神桌的位置看，有2個有關血光、不肖子孫、還可能招陰的風水煞氣。

神桌上面沒有問題，問題在神桌的右手邊，放了電視，我們說神桌的右手邊為白虎邊，虎邊怕吵，當我們開電視的時候，一靜一動之間，已經震怒白虎邊，要注意車禍、意外、血光。

2·神桌的右手邊高處擺神像、蝦子、雞、動物類造型的木雕、玩偶：主出不肖子孫。神桌的左右兩邊不可放造型的木雕、玩偶，主要原因是神明的位階為最大，我們擺了一些不當的物品，對神明都會造成不敬。

還有當我們在拜拜請神的時候，那些未開光的神像，可能會招來其他孤魂野鬼共修，無形當中，家中的磁場比較亂，正神、陰神都聚集在這裡，家裡可能有人會產生精神異常的情況。

★化解方法：

移位，將其移至佛堂以外的地方。

案例四

土地公眉毛慘白，手部亦白，血液循環不良。這個煞氣主要是家人當中可能會有營養不良的情況，還有大破財的情形。

案例五

祖先牌位：同一玻璃箱要避免放雙姓祖先，就像是一個屋簷下同時住了2戶人家，若沒有適當的區隔一定會有磨擦，代表家中必定爭執不斷，永不安寧。

案例六

神位與廚房緊臨：沒有隔間，就風水而言，是大不敬的，因廚房的油煙與穢氣，有損神明之威，祖先受油煙污穢之氣，家裏成員多病之兆，並且有人長年肚子當藥罐，病痛不斷。

十四、檢查辦公室風水與個人的影響

生活離不開工作，每天在公司的時間，有時比在家還多，公司的人事物又非自己可以選擇。同事間的相處，是人生一大學習，主管給的壓力，又使你累得喘不過氣來，因此你會看到有些人在辦公室擺上一些開運吉祥物，最常見到的，不外乎風水魚缸、小盆栽、聚寶盆、還有紫晶、黃晶、文鎮、七星陣，只要可以招財、改善人際關係，或是用於加薪、升遷、降低壓力的物品，都會在辦公桌上看到。辦公桌對我們的工作職場有絕對的影響力，千萬不可以雜亂，找出你真正想解決的問題，讓風水與擺飾助你一臂之力。

辦公桌

同事間最擔心的，就是彼此勾心鬥角，大家各做各的，深怕自己的能力哪天被別人超越，有些人還會在上司面前打小報告，或是將做不完的工作丟給你，讓你老覺得好像是你辦事工作效率很差。現在就來檢查一下你的辦公室風水：

一、座位後方有窗戶：

風水上認為，座位後方空，代表背後無靠、孤立無援，也是犯小人的格局。

生活的角度：座位後方是窗戶，相對的就沒有安全感。

★化解方法：

在座位後方放置一盆小盆的仙人掌，或一枝桃木劍放在右手邊的抽屜中，或擺一個琉璃獅咬劍文

桃木劍

琉璃獅咬劍文鎮

鎮在辦公桌上，防止小人陷害。如果有窗簾，最好將其拉上。

二、門對辦公桌，口舌是非斷不了：

門開口，代表朱雀開口，朱雀就是口舌，坐在門前面，代表所有是非事，你都會比別人先知道，也會遭受口舌是非的困擾。

生活的角度：若是門正對辦公桌，這樣除了來來往往的人會讓你工作不專心外，來來往往的人必定會看你在做什麼，是非常沒有安全感的。

★化解方法：

建議在辦公桌前方，擺上一盆闊葉植物，除了可招來好財運之外，亦可替你擋去不好的運勢，減低小人來犯！

辦公室煞氣可藉由植物來化解

三、牆角處處露，口角跟著來：

風水上每一個角，都像一把刀一樣，在辦公室內若處處可見牆角，小心尖銳的氣場會讓同事們不斷起紛爭，缺乏耐心、個性變得急躁不安。

生活的角度：工作當中若處處遇到牆角，可能在起身辦事的時候，會被利角傷到。

★化解方法：

可利用水晶圓球擺放在牆角邊，水晶本身就有招福擋煞之用，這樣即可化解尖銳的煞氣，降低口舌是非。

四、座位面對著電梯門或升降梯：

跟座位面對大門一樣，風水上犯了「朱雀開口」煞氣，除了很多的口舌是非要處理之外，在工作上也做不久，有時也會常換工作。

生活的角度：電梯每天開開關關，每次均會發出干擾聲音，無法集中精神工作，相信你的出錯機會比別人多，也容易與人起紛爭，是非口舌不斷。

★化解方法：

換位置，或用屏風擋住，不然就掛水晶球。

五、走道直沖（一條直路一支槍）：

風水上的直沖，是指走廊的盡頭可能是一間辦公室或辦公桌所受煞氣之影響，當走廊又直又長時，或大型公司多人出入，都會加深這煞氣的威力，不論你職位高低，如座正這直沖位時，你便會遇上同事背棄、孤立無助，最後黯然離職。

生活的角度：走廊是職員活動及行走的主要通道，在最裡面，又是盡頭，基本上根本不會有人想走進去的一個空間。

★化解方法：

將白晶簇放在走道的盡頭。

六、座位對洗手間或茶水間：

任何可以招財的位置，皆不可以有臭氣，財運會大受影響，如果辦公桌旁就是洗手間，小心職務可能會常常調動，也沒有貴人，工作效率很差，也容易在人際關係上受影響。

生活的角度：洗手間是一個充滿穢氣的地方，影響的範圍很大，人長年在此辦公，呼吸不好的空氣，心情上也會大受影響。

★化解方法：

以大型盆栽，有香氣的花朵擋煞。

辦公桌座位旁不宜是廁所

七、座位背面有尖角沖射：

若你座位背面有凸出的尖角，風水稱之為「尖角沖射」，會令你招惹是非小人、眾叛親離、官司纏身。

生活的角度：正後方有尖角，代表座位後方有障礙物，象徵有利刀對著我們。

★化解方法：

立即搬離此位，若不然在桌面兩旁放上白水晶簇加一顆水晶圓球。

八、座位後面是走廊：

以風水學來說是沒有靠山。靠山是非常重要的，會使工作總是難順心、下屬不服從、與同事是非有增無減、工作獨力難當。

生活的角度：工作時背後有點空蕩蕩及涼風陣陣，是非常不舒服的，而且很難

專心面對工作。

★化解方法：

在背後放一個「土形」紫水晶山，做為你的靠山及後盾。在玻璃幕牆掛上一幅有山明水秀的風景圖畫。

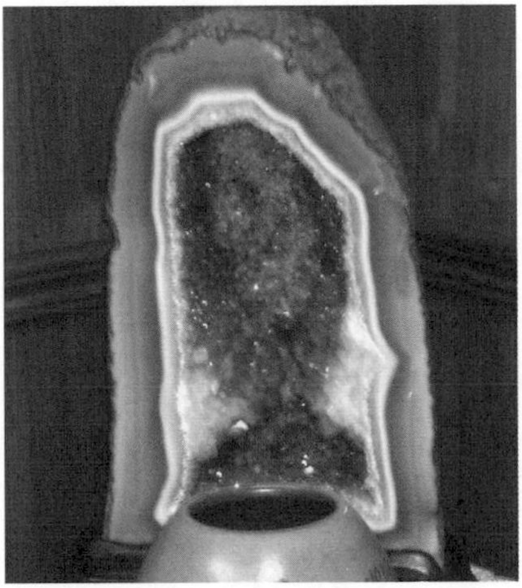

九、座位上方是化糞池或水溝：

那將使您工作力不從心，也無心在此工作，在決策上，也容易出錯。

生活的角度：化糞池是整棟房子的污穢集中地，等於天天與臭氣為伍，工作情緒將大受影響。

★化解方法：

搬離此座位，或在座位下方以黃色地墊鋪滿，並平均擺放36枚古錢在地上。

那麼真的有辦公室的好風水嗎？如果我可以選擇，哪一個位置才是我的好位置？現在我們就幫大家找個好座位，使您工作輕鬆、效率大增，開開心心上班去。

1．座位後面有靠山，就是有屏風，或實牆，玻璃窗就不算。

2．入門口的45度角，是所謂明財位的位置，如果門在中間，那麼兩側皆算是明財位，坐在明財位上，就是好的辦公座位。

3．用文公尺量一下桌子，看有沒有紅字，可以更勝一籌。

4．座位的上方沒有冷氣直吹。

5．座位的上方沒有燈管直接照射。

6．桌子是實木，代表踏實，如果是鋼製品，就需要亮面為主。

7・垃圾桶就放在桌底下。

8・桌子上方乾淨、整齊。

辦公室座位擺放學問大

◎幫自己成為主管的十一大重點

檢查完了辦公室風水，接下來如果你想在公司左右逢源，加薪順利，可以利用以下的方法：

一、事倍功半，保住官運法

常常在公司加班，一個人在挑燈夜戰，加班趕今天未完成的工作，而且經常如此，也沒有任何同事可以幫得上忙，這時，可以運用易經卦象中的北方為坎卦，主勞動，南方為離卦，則主進財，兩個一起進行，會令你在工作上更令人滿意，可以試試以下的方法：

1．辦公桌的北方不可以擺有水的物品，像水種黃金葛，北方若放水，它代表勞動，也代表辛苦之神，怎麼做都做不好。

2．將辦公桌上的北方改放一個有關電的物品，電話、手機、MP3都可以，而且要常常使用它。

3．在辦公桌上的南方放一個綠色小盆栽，以開運竹為主，並綁上黃色緞帶，以上第2項與第3項必須一起做，才會有作用力。

二、與加薪無緣、不受賞識

有人工作一年，老闆就加了好幾次薪，也有人工作了好多年，薪水永遠原地踏步，甚至還降薪，想換工作又不敢換，常常唉聲嘆氣、怨天尤人，到底有沒有機會，使我可以更好？那麼你真的得試試這個簡單又容易的擺設：

1．首先你必須選一個有靠牆的位置坐下來，代表有靠山可以幫助你，這時在座位的左側方擺放一盆與座位同高的盆栽，如果是桂花樹更好，在風水中左邊代表貴人方。

2．如果你的位置後方沒有牆，會比較辛苦，甚至你必須常起身做事，這時我們就得在辦公桌的左方抽屜中放一個黃色的布包，內裝168元及3個乾隆的古錢，這樣就可以幫助你加薪。

3．如果想更快點，就在辦公桌的左方擺放一支銅龍，銅龍是一個吉祥的神獸，也代表會有貴人引薦您。

三、領導能力不足

也許你正是一位工作領導者，但很奇怪的是，要下屬加班沒有人理你，要他們工作也拖拖拉拉，你永遠不知道怎麼樣可以使你的下屬成為你的得力助手，也擔心有朝一日，你的位置會被別人取代，這時你可以試試以下的方法：

銅龍

1．請經常在你座位後方，擺放一件比較具有專業能力的外套，並且必須7天換一件，這件外套就如同你坐在那兒是一樣的意味，它會幫你看緊你的下屬。

2．在你的辦公桌上擺放一個琉璃獅咬劍的紅色文鎮，琉璃獅咬劍可以防止下屬以下犯上的可能，而且你說話的說服力將會大增。

四、不定性，工作一直換

有人上班很穩定，在一個單位可以做很久，都非常順利；也有人上班以後，不是覺得錢太少，就是覺得工作壓力很大，不然就是覺得不能適應工作，好像怎麼做都不順利，一直想換工作，我想你可能需要一個方法，幫助你將工作穩定下來，可以做得長長久久：

1．請隨身帶一個紫色的水晶，它具有穩定的功能，更可以幫助你開啟智慧之門，使你更清楚的思考每一件事物。

2．請盡量選擇紫色的辦公物品，而且必須是一上班就得使用，因為它的作用力會在7天後才會慢慢顯現出來。

3．在辦公桌的左方放一個綠色的小盆栽，將有貴人幫你，使你更安定。

五、不得人緣，工作上與同事樹敵

同事一起做事，最怕的就是受到排擠，可能是自己的觀念與別人不同，也有可能是你沒有辦法融入群體的生活，老是覺得與人格格不入，也覺得好像常常被別人欺負，我想以下的方法可以試試看：

1．請盡量選擇粉紅色的辦公物品，而且盡量不要有圓角。

2．在辦公桌上放粉紅色的水晶球，代表圓融之意。

3．在桌底下放個黑曜岩，可以防小人，招貴人。

4．如果發現最近的口舌是非、小人很多，還可以在椅背後方放一盆仙人掌。

六、職場上如何招貴人？

如果在工作上能夠有人可以幫助你，使你工作輕鬆，使你喜歡這個工作，就可以做得長長久久，來看一下，有些小擺設可以讓你招貴人：

1．左青龍，右白虎，可以在左手邊擺放一盆桂花樹，或者是向日葵，它主交際，可以帶來更多的貴人。有香味的花也可以，但只能在開花時擺放，不宜凋謝時再擺上去，否則沒有效果。

2．辦公桌上放水晶招貴人，左邊放方形，右邊放圓形，左方右圓，做事輕鬆。

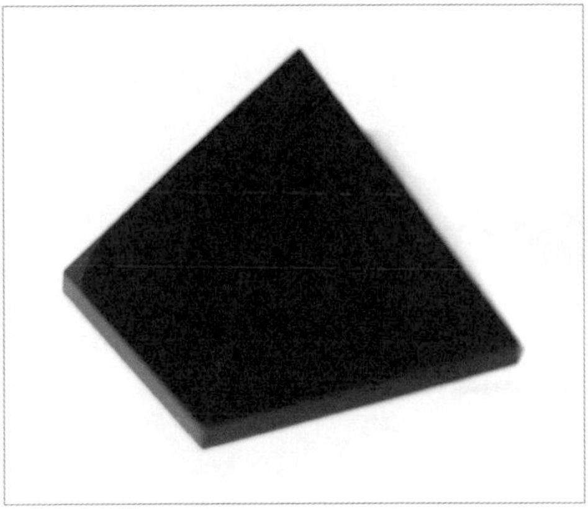

黑曜岩金字塔

七、你在辦公室的風水護身祕笈

1．保住官位，帶領下屬，一起完成任務

龍銀：民清舊時流通的銀幣，因本身鑄有龍的圖案，只要是真品，經過開光後，就可以旺官位，增強本身的氣勢，防止小人陷害，有助於業務推廣，達成任務。

開光與安置方法：到大廟主爐過香火，稟報自己的名字、生辰八字、工作地點，回來後看農民曆上的開光祈福日，安放在辦公桌的四隻腳下，也可以放在辦公桌前緣。龍頭必須在前面，或是在上面。

2．辦公室升遷（官）小祕法

銅馬：只要找到自己的驛馬位，擺上銅馬，想升官，或是調到理想部門，缺少不了它。

龍銀

個人驛馬位：

猴、鼠、龍驛馬位在東北方偏東方

虎、馬、狗驛馬位在西南方偏西方

豬、兔、羊驛馬位在東南方偏南方

蛇、雞、牛驛馬位在西北方偏北方

如果想要快速升官，還可以在顏色上改變：

猴、鼠、龍在偏東方的位置放綠色的物品加銅馬

虎、馬、狗在偏西方的位置放金色的物品加銅馬

豬、兔、羊在偏南方的位置放紅色的物品加銅馬

蛇、雞、牛在偏北方的位置放白色的物品加銅馬

八、辦公室保財法

a．五帝錢：如果找不到真的五帝錢，也可以用50元、10元、5元、1元來代替順治、康熙、雍正、乾隆、嘉慶。開光後，選擇祈福日放在抽屜四個角落及中間，必須固定。擺放方法為由左至右、由下至上，順時鐘擺放。

b．準備一個黃色的布包，內放五色碎石水晶加66元，擺在抽屜左下方也可以保住錢財。

c．蟾蜍也可以使用。

古帝錢

九、提加薪、談生意的好時辰

看農民曆就可以幫自己招來好運氣，一般來說要知道自己的三合與六合貴人時

辰方，就有加分的效果。

地支三合：申子辰、寅午戌、巳酉丑、亥卯未，各謂之「三合」。凡用事擇日、時能逢三合，一般有加分作用。如申命人能同時用子、辰時之日時，也就是屬猴的朋友，要善用子日辰時，或配合屬鼠、龍的朋友，皆有利於行事之順暢，或半合也可以。

十、加薪密法

準備物品：一張紅色紙，一個紅包袋，一個小玻璃瓶

把希望加薪或想實現的願望寫下來，最多2個，後面要寫上自己的姓名與八字，裝在紅包袋中置入玻璃瓶，放在室外連續曝曬3天3夜，並於白天及晚上各做一次觀想的動作。選擇一個祈福日，將玻璃瓶放在公司左側抽屜中，再依自己的良辰吉時去談判，就會有好運發生。

十一、穿著、顏色：上班加分、行動風水術

先以穿著顏色為主，因為顏色影響較廣：

a．咖啡色、卡其色、原木色

想換工作，或是老覺得工作上力不從心，沒有人可以幫你的時候，可以穿著卡其色的衣服，卡其色是一種使人可以獨立運作、提升個人士氣、被認同與肯定的色彩，必須連續穿3個月。

b．藍色

改善人際關係、和平相處、引人注目的顏色，但需要顏色比較深的，淺的天空藍反而造成反效果，變得太自我，而影響人際。

c．綠色

具有強烈挑戰性、改善缺乏自信的顏色，如果常常和咖啡色一起穿，會更有執行力。

d．粉紅、紅色

具有發現靈感的色彩，想讓同事知道你的想法或是想換新工作都適合，或參加重要會議。

e．黑色

適合主管的西裝外套，一般人不要輕易嘗試，代表隱藏內心、自我。

f．白色

讓人主動想跟你聊天、做朋友。

g．黃色

代表說服與安定，也可以提高財運。

◎利用風水小擺飾增加個人工作運勢

一、風水魚缸

目前正值下元八運（民國93年至112元），正神為東北方，見水不吉，適合擺放魚缸的位置在住宅的東方或西南方，不適合擺放魚缸的位子在西方及東北方。魚缸若擺在西方及東北方，將導致嚴重之漏財。辦公室的魚缸建議用圓形，或長方形，圓形屬金，金生水；長方形屬木，水生木。不建議用三角形或正方形，三角形屬火，正方形屬土；水剋火，土剋水，皆為不吉之象。

如果您只有辦公桌，那麼不建議擺放風水魚缸，但如果有一個專屬辦公室，就可以擺在辦公室的東方。

二、盆栽與辦公室

花卉除了美化空間之外，就健康的角度來看，綠色植物就像辦公室的空氣清淨機一樣，多擺綠色植物，可以淨化辦公室的品質，尤其是辦公室人來人往，空氣品質不佳。適時擺設就好，也不宜過多，過多反而使磁場過於陰冷，使人有不安定的感覺。

擺放在辦公室的盆栽，選擇圓形葉片或是闊葉植物，例如主管辦公室，可以考慮松樹，它代表常青、長久之意。至於一般員工桌上，求人緣，就可以放粉紅色花朵，馬拉巴栗、白鶴芋，都是不錯的選擇。避免選擇有尖刺藤蔓的植物，例如玫瑰、仙人掌、柏樹，葉片如同刀劍，容易遭刑剋，同事間容易產生敵對，工作常遇阻礙，也比較容易招陰。黃金葛、榕樹皆不適合，開運竹也不宜多種，如果擺上它，要記得綁上紅緞帶。辦公室更不宜選擇乾燥花或塑膠花，否則會變成同事間感情不真實，但交誼廳就沒有關係。

三、聚寶盆

瑪瑙的聚寶盆，建議藏在別人看不到的地方，財不宜露白，可以放在桌底下的抽屜。

四、水晶

紫晶可以穩住錢財，綠幽靈與黃晶招財，文鎮可以增加自己的權勢。

備註：

1．求財有好時辰

看農民曆就可以幫自己招來好運氣，一般來說要知道自己的三合與六合貴人時辰方，就有加分的效果。

地支三合：申子辰、寅午戌、巳酉丑、亥卯未，各謂之「三合」。凡用事擇日、時能逢三合，一般有加分作用。如申命人能同時用子、辰時之日時，也就是屬猴的朋友，要善用子日辰時，或配合屬鼠、龍的朋友，皆有利於行事之順暢，或半合也可以。

準備物品：一張紅色紙，一個紅包袋，一個小玻璃瓶

把希望加薪或想實現的願望寫下來，最多2個，後面要寫上自己的姓名與八字，裝在紅包袋中置入玻璃瓶，放在室外連續曝曬3天3夜，並於白天及晚上各做一次觀想的動作。選擇一個祈福日，將玻璃瓶放在公司左側抽屜中，再依自己的良辰吉時去談判，就會有好運發生。

2．自製鎮宅錢母DIY

自家附近的土地公也可以。

a・紅包袋、紅紙（正面寫生辰與名，背面寫祈福），硬幣1元、5元、10元、50元。

b・備水果、汽水、金紙。

c・祈求土地公賜財鎮宅，要擲筊。

d・將紅包袋在主爐過香火，順時針三圈。

e・藏鎮宅母錢，要用心冥想「土地公到達我們家」，放在主要抽屜、家用電話、廚房、或計算機上。

十五、風水實錄：退運的房子

有人搬新家之後，財源滾滾，幾乎是投資什麼賺什麼，但也有人搬進去之後，非但沒有了工作，全家人各自分飛，適婚年齡的子女，沒有婚姻，或是離婚，自己的老公卻因為好賭，讓全家人揹債，來看看他們家風水上出了什麼問題，導致了家運不興，退運連連。

當我們還沒進這個房子，就發現，他家隔壁有個大神壇，裡面供了不下數百尊的神像，平常香火的味道，讓已住在公寓裡面的住戶受不了，煙薰的公共樓梯早已污穢不堪。用生活的角度來看，每天下班回家，面對黑漆漆的樓梯，而每天所呼吸的空氣，也被香火味所取代，心情自然也不好。有時住宅的附近避免不了這個問題，到底它會有怎麼樣的影響：

一、神前廟後不住人：八宅明鏡上提「住屋前後有寺廟不宜」，又叫退運宅，尤其忌諱大門與廟宇門相對，或是樓上樓下。通常居住在此棟房子的人，容易產生家宅不寧、家運不興、大退運的風水煞氣。通常寺廟是靈氣最旺的地方，一般人並不適合住，如果你住在寺廟的附近，又沒有辦法搬離，建議您在門口掛上八仙彩，使自己的宅氣能夠提升。

二、廟宇屋簷的尾煞：不宜對到房子裡面的任何一個角落，居住在此房間裡的人，容易有意外血光。曾經有一個案例，房間住了一個男同學，平常孝順乖巧，上下學有摩托車

廟宇前後

廟宇尖角

代步，就在一個夜晚，父親接到了電話，說同學出了一場大車禍，現在在醫院急救，家中唯一的兒子，是父親心中的寶貝，他幾乎無法接受這個事實，到處求神問卜，終於孩子的性命救回來了，只是他沒有辦法繼續上課，智能嚴重退化，視力也變得不清楚。

★化解方法：

居家的房屋被屋尾煞對到，必須用山海鎮或36天罡化解。

三、金紙爐的出風口不宜放在二樓上方屋簷上：風水上強調，一條煙囪一柱香，附近居民輕則傷，容易導致意外頻傳，也主血光。

生活的角度：煙囪置於二樓屋簷，實在很危險，也容易因為通風不良而產生火災，建議搬離現場，改在通風良好的一樓。

四、神明廳後面的房間：神明廳的後面不宜睡夫婦，也不宜睡成長中的青少年，或是未婚男女，可以睡在這個房間的年齡為12歲以下以及65歲以上才可以，介於這兩個年齡中間的人都不適宜，長期下來不但會造成未婚並且沒有姻緣，已婚者容易不孕，甚至健康也會大受影響。這個房子，神明廳的後面就是睡著一位四十多歲的中年未婚女性，她從年輕時就住在這間，一直以來，總遇不上美好的姻緣，到現在換來的，是睡眠狀況愈來愈差，身體也開始出現一些小毛病。建議神明廳後面的房間，改成書房，或儲物間，如果一定要睡在這個房間，就必須在房間與神明之間隔一道至少40公分的隔間牆，即神明與住房不同一道牆，就可以化解這個問題。

神明廳後方是房間

五、神龕後面是潮濕的牆壁：

一般透天的房子，神明都會安在頂樓，但是如果神明靠的牆面的外面會遭受到日曬雨淋，久而久之，神明所靠的這道牆面就會潮濕，進而油漆剝落，嚴重的可能還有滲水的現象，想想看這樣神明會坐的安穩嗎？神明如果坐不安穩自然無法保佑，就會造成家運有退運的現象。

★化解方法：

必須告知神明要在某良辰吉日移開神桌將牆壁重新做防水、油漆修補的動作，但是要擲茭神明同意才可以。最後也是最重要的一點，必須確定神明安座的位置不是流年煞方才可以。

神明後方牆壁潮濕

從這裡不難發現，一個家庭的問題，通常會是多重煞氣匯集而成，如果居家僅有單一煞氣，不至於影響太大，接下來我們來看看這戶人家外在有什麼問題：

一、兩家相對，低者衰退，兩門相對，小者衰退：退運宅

這個煞氣很常見，就是我們常說的退運宅，不過在這裡，我們要從山坡地形還有大門來看起。

退運宅：兩家相對，低者衰退，因為地形為山坡地，對面的房子比我們高，我們家的地勢又比路面稍為低一點，其實每隔一段時間，路面就會整修鋪路，無形當中，我們就越來越低，形成退運宅。

兩門相對，小者衰退，我們跟對面門對門，門對門為鬥口煞，對於這種住宅的大門，他們的門比我們家的門大，也代表他們的氣勢比較高，我們氣勢比較弱，最主要的是納氣的口比別人小，要賺錢當然也比對方辛苦。

生活的角度：山坡地高者一方會有靠山，代表當問題發生時，還有家人或長輩可以商量，低的這排房子沒有靠山，也象徵當問題發生時，比較沒有人幫助，一切靠自己，當自己的經驗不夠或判斷力不夠的時候，很容易每次出差錯，日積月累，也已經沒有力氣可以處理事情而形成了退運。

二、水溝門前過：錢財過門而不入

這個煞氣主要是賺了錢沒有辦法存起來，造成左手進右手出的情況。

水溝在門前，在陽宅學上形成錢財損耗，也就是錢領到了，還沒有放入銀行就不見了。陽宅將水視為錢財，水在門前流來流去，就是與你擦身而過，也代表貴人過門而不入。

水溝門前過

生活的角度：水為財，但水溝是污穢之水，每一個家庭的廢水都會排入水溝，也代表污穢之財。剛好檢修蓋、通氣口又在門前，每天出門進門都會經過，污濁的水氣，會讓你家大門的氣場也受到影響，大門為納財氣之口，你所納的財為污穢之財，污穢之財指的就是沒有辦法留住的錢財。

★化解方法：

在水溝蓋加上紅色塑膠墊，但還是要注意排水問題。

三、衝天煞

損男丁、男生的工作運不穩定、男丁不旺的風水煞氣。

每一個人都想好好的工作，在工作中能夠穩定成長，但是在這裡，我們看到一個煞氣，是因為自己對自己的期望比較高，而產生的物極必反的煞氣。這棟大樓，兩邊低中間高，前面也低，在陽宅風水學上形成衝天煞。衝天煞主要的影響是家中

的男生工作不穩定，最嚴重者將會造成沒有工作，或者失業。

生活的角度：高低不齊，巷弄狹窄的房子，我們比別人高，所要承受的風也好，下雨也好，都比別人先承受，就算是小偷，也會先站在高處往低看，因此我們選擇房子，高低一樣會比較理想。

★化解方法：

陽台種盆栽，利用植物化解壓力。

衝天煞

《附錄》六種開運法

一、貧賤夫妻百事哀，夫妻同心，齊力斷金

找出桃花位：

申子辰合水（北）：桃花位在西方

亥卯未合木（東）：桃花位在北方

寅午戌合火（南）：桃花位在東方

巳酉丑合金（西）：桃花位在南方

準備物品：

放一張夫妻的照片，以先生為主，找方位。

八枚硬幣，紅紙一張。

做法：

在照片的背面，以紅紙黏上八枚硬幣成一個圓圈，在中間寫上夫妻雙方的生辰八字，待開光祈福日，掛在桃花位即可。

二、簡單神奇桃花速成法

此方法針對未婚男女皆可適用，由於會同時招來好桃花與爛桃花，因此必須謹慎使用。

準備物品：

4朵玫瑰花，必須是鮮花，而且刺必須拔除。

花瓶4個，農民曆。

做法：

取農民曆上的子午卯酉其中一日，加上避開自己沖煞的日子，如果有祈福的字更合適，將鮮花擺放在房間的四個角落，每星期必須換水跟換鮮花，直到異性緣出現為止，鮮花就必須收起，不再擺放。

三、金錢幣招財法

準備物品：

1．五十元錢幣12枚。
2．洗米水或粗鹽水。
3．新的鍋子或茶壺。
4．小的電磁爐或瓦斯爐。

做法：

1．將12枚50元硬幣用洗米水或粗鹽水洗淨，並且需在充足的陽光底下，連續

曝曬3天，每天最好的時辰是上午11點到下午1點之間。

2・將爐子與鍋子擺放在房屋的中心點，將12枚硬幣放在鍋子裡，鍋子加水後煮開約20分鐘，待涼。每間房間擺放2枚，客餐廳共2枚，其餘擺放在廚房即可。

備註：可以在搬家日當天做，效果最好，如果來不及或最近財運不佳，也可以在交節氣的時間做最好。

12枚硬幣：代表12個月，象徵每個月都有錢可以拿，每個房間2個，代表好事成雙，也象徵財運亨通。

四、小鏡子開財法

一般來說，鏡子可以化煞，卻不知它還有其他的開運的作用。鏡子具有轉換磁場的功能，所以不可以亂擺。

準備物品：

小圓鏡一個。

黃色小福袋。

硬幣66元：包括50元一枚，10元一枚，5元一枚，1元一枚，共66元。

做法：

將物品準備好之後放在皮包就可以招財，必須每年重新做一次。

硬幣必須淨化，小圓鏡必須開光。

開光可去大廟主爐過香火，或是利用農曆15日整天的時間，放在陽台上，用以吸收太陽光、月光、星光的精華，也代表開光。

五、生命樹保健康法

準備物品：

1．葫蘆。

2．長5公分，寬3公分的紅紙一張。

3．紅緞帶一條。

4．綠色植物一盆。

5．保生大帝的香灰。

6．農民曆上祈福日。

做法：

1．在紅紙上寫下自己的出生年月日時辰。

2．祈福日當天，將寫好的紅紙及保生大帝的香灰放在葫蘆內。

3．連續7天，將葫蘆拿出來，並默念「我們全家都平安」49次。

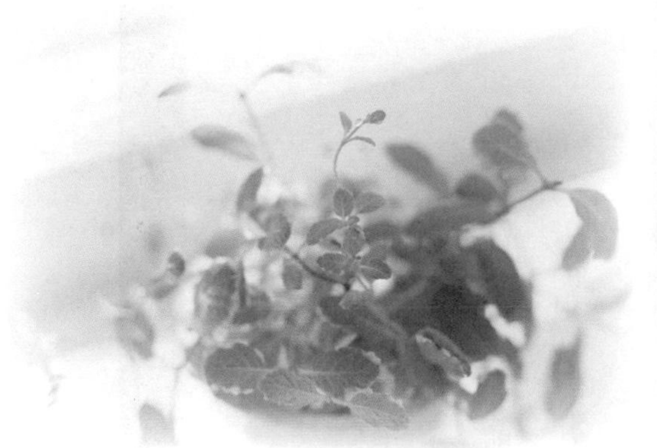

4．7天後將葫蘆掛在盆栽內，放在前陽台的位置。前陽台代表主人的運勢與發展，有了這顆生命樹，將實現你所有的夢想，不過樹不可以枯萎或死掉。

六、事業步步高昇法

準備物品：

準備七棵開運竹，開運竹需綁上紅色緞帶，一個小花瓶，黃水晶少許。

做法：

將七棵開運竹放在瓶中，內裝黃水晶即可，做好的開運竹可以放在書桌的左前方，注意開運竹不可以過高，不可超過花瓶長度的三分之一，或底部的根太多，都必須修剪才有效果。開運竹不可以枯黃，否則沒有作用。

《後語》

首先再次感謝讀者熱情的支持，使本書得以問世。

求學時代，學習的是土木工程，後來從事室內設計工作，其中很多人在買房子、設計房屋的內部格局的時候，通常他的身邊都會有一個生活顧問，其實就是風水命理老師，給他很多的建議，而身為設計師的我們，只能照著做，當時，即使我們說，這樣不好看，這樣會破壞美觀，得到的答案，往往是「我們聽風水老師的」，很多屬於美感的室內設計，往往好像跟風水起了衝突。我好奇的想，為什麼？是不是只有有錢人相信風水，是不是只有有錢人才請得起風水老師，後來我發現，風水是中國古人的智慧，是一門科學，既然是科學，就有存在與認識的必要，其實好風水並不是有錢人才可以得到，一般人其實也可以透過居家風水的改變，進而讓生活得到改善，因而我開始研究各種風水命理學派，包括了八字、姓名、陽宅風水堪輿。

在我的客戶層中包含了社會中各個階層的人，有大老闆，也有一般上班族，甚至於生活困苦者，我的服務也廣及台灣各個角落，從台灣頭到台灣尾，花蓮、台東也走過，台灣雖然不大，但是房屋風水卻大不相同，但是不管如何，大家都希望能夠透過風水解說，來讓自己或家人更好，所以當我在為大家服務時，都是盡可能的解決問題，所謂行萬里路勝讀萬卷書，除了幫客人解決風水上的問題外，當然也希望能夠透過文字與大家分享。寫這本書是希望以深入淺出的文字以及圖片，來幫助大家對風水能有不一樣的看法。

風水就是生活，那麼你關心過自己的生活嗎？如果可以知道未來可能會發生什麼事情，是不是就可以降低所謂的生活上的風險，或是可以使未來的生活更多采多姿？答案是肯定的，雖然迷信不可取，但是如果透過這樣的方式而能夠自我掌握，讓自身成為一個了解自己、關心自己生活的人，你也可以成為一個先知先覺者，透過陽宅風水的改變可以降低生命過程中的失敗，可以掌握自己的人生方向。

從事風水多年，很多人問我，風水改了之後，一定有效果嗎？一定會改變嗎？我的回答是：「能改一點是一點，就怕你永遠都不願意改變，改變永遠比不改好」，人生的過程也一樣，有時候就差那「一點」，一個會使您成敗的那「一點」，如果什麼都不願意改變，日子一樣一天一天過，這就是運的轉動，相信本書的其中一點內容可以幫助您，幫助您改變，相信自己，命運絕對掌握在自己的手上。最後在此要感謝支持我所有的電視觀眾、廣播聽眾，以及讀者，今後望能繼續將我所學所聞跟大家分享，不管是透過文字或媒體，我都會好好努力呈現給大家。

台灣妙妙妙節目風水講解老師

鄭雅匀

- 陽宅風水、八字命理、姓名學專家。
- 中天電視台灣妙妙妙節目風水講解老師。
- 自由時報居家風水專欄作家。
- 正聲廣播電台邀請call out老師。
- 電視康熙來了風水姓名學特別來賓。
- 電視今晚那裡有問題風水姓名學特別來賓。
- 民視消費高手邀請之2007年風水開運老師。
- 談星雜誌專欄作家。
- 超越車訊專欄作家。
- 蕃薯藤『Dr. House』頻道居家風水達人。

聯絡電話 ： 02-25182500

行動電話 ： 0912571549

傳真專線 ： 02-25180938

E-mail ： nono.buty@msa.hinet.net

鄭雅匀老師風水命理部落格：

http://nonobuty.spaces.live.com/

國家圖書館出版品預行編目資料

鄭雅勻彩色圖解陽宅風水 / 鄭雅云著.
第一版——臺北市：知青頻道出版；
紅螞蟻圖書發行, 2008.8
面； 公分.——（Easy Quick；87）

ISBN 978-986-6643-27-9（平裝附光碟片）

1.相宅
294.1 97010039

Easy Quick 87

鄭雅勻彩色圖解陽宅風水

作　　者 / 鄭雅勻
美術構成 / Chris' office
校　　對 / 周英嬌、楊安妮、鄭雅勻
發 行 人 / 賴秀珍
總 編 輯 / 何南輝
出　　版 / 知青頻道出版有限公司
發　　行 / 紅螞蟻圖書有限公司
地　　址 / 台北市內湖區舊宗路二段121巷19號（紅螞蟻資訊大樓）
網　　站 / www.e-redant.com
郵撥帳號 / 1604621-1 紅螞蟻圖書有限公司
電　　話 / (02)2795-3656（代表號）
傳　　真 / (02)2795-4100
登 記 證 / 局版北市業字第796號
法律顧問 / 許晏賓律師
印 刷 廠 / 卡樂彩色製版印刷有限公司
出版日期 / 2008年8月 第一版第一刷
　　　　　2014年7月 第一版第二刷

定價280元 港幣93元

ISBN 978-986-6643-27-9 Printed in Taiwan